KB106903

문형으로 익히는

일본어
작문

이용미

제이앤씨
Publishing Company

외국어 학습에 있어 '작문'은 학습 정도와 수준을 가늠하는 잣대가 됩니다. 그 이유는 '작문'은 어휘 및 문법, 숙어 표현 등 다양한 분야의 실력을 골고루 요구하기 때문입니다. 한마디로 '작문'은 외국어의 총체적 이해와 학습을 전제로 이루어집니다.

본 교재는 처음 일본어를 접하는 학습자의 작문 실력 함양을 위한 책입니다. 교재의 구성 및 특징은 다음과 같습니다.

1. 문법과 병행한 단계별 구성

각각의 과는 초급 학습자가 혼자서도 공부할 수 있는 분량에 맞추어 두 섹션으로 나누었습니다. 학습 첫 머리에 문법을 정리하고, 그에 따른 예문을 제시하였습니다. 또한 품사별 문법이 마무리 된 이후에는 문형 표현을 중심으로 작문 연습이 가능하도록 과를 구성하였습니다.

2. 단어 부담을 줄인 작문 훈련

모든 단어에 후리가나를 달아, 초급 단계에서 문법과 단어를 동시에 숙지하는 부담을 줄였습니다. 작문 연습에 있어서도 미리 주어진 단어를 활용하는 형태를 빌어 문장 구성과 문법 체계에 집중하도록 배열하였습니다.

3. 다양한 사례에 대한 설명

잠깐 공부하기 코너에서는 애매한 표현의 사용법, 단어 뉘앙스 설명, 오용례 사례 등, 다양한 사항을 알기 쉽게 설명하여 실제 작문에 활용하도록 하였습니다.

본 교재의 목표는 초급 일본어 문법을 이해하고, 다양한 문형과 관용 표현을 바탕으로 한 일본어 작문 실력 함양에 두고 있습니다. 본 교재가 일본어 실력 향상에 도움이 되기를 바라는 마음 가득합니다.

마지막으로 부족한 원고를 충실한 교재로 다듬어주신 제이앤씨 측에 감사드립니다.

저자 이용미

┃목 차┃

1-1

私は 学生だ。

- 명사＋だ
- 명사＋ではない
- 소유의「の」

---

1. 》 명사 ＋ だ

- 私は 学生だ。
- あなたは 先生だ。
- 彼は 会社員だ。
- 彼女は 歌手だ。

2. 》 명사 ＋ ではない(＝じゃない)

- 私は 学生じゃない。
- 彼は 先生じゃない。

🌸 友だちは 会社員ではない。

🌸 彼女は 韓国人ではない。

3. ≫ これ、それ、あれ、どれ

🌸 これは 本だ。

🌸 それは ノートだ。

🌸 あれは つくえじゃない。テーブルだ。

🌸 どれが いい?

4. ≫ 소유의「の」

🌸 これは 私の かばんだ。

🌸 それは 父の 帽子じゃない。

🌸 彼の 車は あれじゃない?

🌸 彼女は キムさんの お姉さんだ。

연습하기

1. 이것은 나의 가방이다. (これ、私、かばん)

    》 _____

2. 선생님은 한국인이 아니다. (先生、韓国人)

    》 _____

3. 그의 이름은 다나카이다. (彼、名前、田中)

    》 _____

4. 나의 친구는 회사원이 아니다. (私、友だち、会社員)

    》 _____

5. 내일은 나의 생일이다. (明日or明日、誕生日)

    》 _____

6. 저것은 우리 형의 모자이다. (兄、帽子)

    》 _____

7. 나의 장래 꿈은 공무원이다. (将来、夢、公務員)

    》 _____

8. 저것이 우리 어머니의 우산이다. (母、傘)

    》 _____

9. 그녀는 그의 친구가 아니다. (彼女、彼、友だち)

    》 _____

10. 나카무라씨는 일본인이 아닌가? (中村、日本人)

    》 _____

「~人」의 읽기가 헷갈려요.

일본어 한자 읽기는 한자의 음으로 읽는 방법(音読み)과 뜻으로 읽는 방법(訓読み)이 있어 같은 한자라도 읽기가 여럿이다.

◉ 音読み

1. 「じん」으로 읽는 경우: 「人」 앞에 위치한 단어가 '사람의 속성을 나타내는 말'일 때

예　日本人(日本の人)　　　外国人(外国の人)　　　美人(美しい人)

　　老人(老いた人)　　　偉人(偉大な人)

2. 「にん」으로 읽는 경우: 「人」 앞에 위치한 단어가 '사람의 동작을 나타내는 말'일 때

예　管理人(管理する人)　　世話人(世話する人)　　犯人(犯罪を行った人)

　　行人(仏道を修行する人)　罪人(罪を犯した人)

◉ 訓読み

1. 「ひと」로 읽는 경우: '사람, 타인' 등의 뜻을 나타내는 경우

예　人として生きる。　　　彼は人がいい。

　　人の意見　　　　　　人に迷惑をかけてはいけない。

2. 「びと」

예　恋人、旅人、村人 등

※　悪人、善人、求人(人を求めること)、殺人(人を殺すこと)、狩人、素人、仲人

　등, 예외적인 읽기에도 주의가 필요하다.

1-2

私の 名前は 李ユラです。

- 명사+です
- 명사+ではありません
- ～で、～です
- 명사+の+명사 / 형식명사 「の」

---

1. ≫ 명사 + です

❀ 私は 学生です。

❀ ここは 教室です。

❀ 私の 名前は 李ユラです。

❀ あなたも この 学校の 学生ですか。

2. ≫ 명사 + ではありません(=じゃないです)

❀ 私は 会社員ではありません。

❀ 彼は 私の 友だちじゃないです。

❀ 妹さんも 学生ではありませんか。

3. 》 명사＋で、～です

❀ 父は 会社員で、母は 主婦です。

❀ 私は 大学生で、姉は 公務員です。

❀ これは 私の 本で、それは 友だちの ノートです。

4. 》 명사＋の＋명사

❀ 彼女は 日本語の 先生です。

❀ これは 何の 雑誌ですか。

❀ トヨタは どこの 会社ですか。

5. 》 형식 명사 「の」

❀ この ぼうしが 私のです。

❀ これは 父ので、それは 私のです。

❀ どれが あなたのですか。

연습하기

1. 나는 대학생입니다. (大学生)

>> _____

2. 여동생은 고등학생이고 남동생은 중학생입니다. (妹、高校生、弟、中学生)

>> _____

3. 그는 우리학교 학생이 아닙니다.(うちの 学校)

>> _____

4. 나의 꿈은 일본어 전문가입니다. (夢、専門家)

>> _____

5. 나의 일본인 친구의 이름은 하야시 켄입니다. (日本人、友だち、名前)

>> _____

6. 이건 무슨 책이예요? (これ、何、本)

>> _____

7. 이것도 제 것이고 그것도 제 것입니다. (これ、それ)

>> _____

8. 선생님의 것은 어느 것입니까? (先生、どれ)

>> _____

9. 사진 속 이 사람이 제 친구입니다. (写真、中、この、人、友だち)

>> _____

10. 그것은 엄마의 것이 아닙니다. (母)

>> _____

「何」의 읽기가 헷갈려요.

1. 「何～」형태일 때

1) 「なに」: 「何」다음에 이어지는 단어의 내용이나 모양, 이름 등을 묻는 경우

예 何新聞、何事、何者、何航空、何会社、何色、何人、何語 등

A: あそこの背の高い人は何人ですか。

B: さあ、アメリカ人ではないでしょうか。

2) 「なん」: 「何」다음에 이어지는 단어의 수량을 의미하는 경우

예 何時、何円、何枚、何冊、何個、何人、何語 등

A: 学生は何人いますか。

B: 15人です。

2. 단독 형태일 때

1) 「なに」: 조사 が, を, から, まで, も, は 등이 이어질 경우

예 あそこに何がありますか。

何を飲みますか。

何から何までやっていただいて、どうもありがとうございました。

何もございませんが、どうぞごゆっくり。

2) 「なん」: 「の」앞일 경우

예 今日は何の話ですか。

何の準備もできなくてごめんなさい。

3) 「か」, 「に」, 「と」의 앞일 경우에는 「なに」, 「なん」모두 OK.

   단 「で」의 경우, 의미는 구별된다.

   예　A: 九州へは何で行くんですか。(수단)

   　　B: 船です。

   　　A: 九州へは何で行くんですか。(원인, 이유)

   　　B: 出張ですから、仕方ありません。

4) 「何という」: 무슨, 뭐라는

   예　あれは何という花ですか。

MEMO

2-1

つくえの 上に 本が あります。

- ・あります/ ありません
- ・います/いません
- ・동격의「の」

1. ≫ あります

❀ 机の 上に 本が あります。

❀ ビルの 中に 本屋と 花屋が あります。

❀ 薬屋は 病院の 後ろに ありますか。

2. ≫ ありません

❀ かばんの 中に 財布が ありません。

❀ テーブルの 上には 何も ありません。

❀ この 建物に カフェは ありませんか。

3. ≫ います

❀ 私の 家族は 田舎に います。

❀ ベッドの 下に 猫が います。

❀ 教室に だれが いますか。

4. ≫ いません

❀ 部屋には だれも いません。

❀ 子どもの そばに お母さんが いません。

❀ すみません。だれか いませんか。

5. ≫ 동격의 「の」

❀ 事務室に 課長の 木村が います。

❀ 大学生の 兄は 今、アメリカに います。

❀ 日本語の 先生の 古田さんは 大学院生です。

연습하기

1. 자동차 안에 누가 있어요? (車 or 自動車、中、誰)

   》 _____

2. 방 안에 누군가 있나요? (部屋、誰)

   》 _____

3. 병원 안에는 편의점이랑 카페 등도 있습니다. (病院、コンビニ、カフェ)

   》 _____

4. 의자 아래에 무언가 있나요? (いす、下、何)

   》 _____

5. 냉장고 안에 음식은 아무것도 없습니다. (冷蔵庫、食べ物、何)

   》 _____

6. 저에게는 형제가 없습니다. (兄弟)

   》 _____

7. 친구인 에가와는 저 방에 있습니다. (友だち、江河、あの、部屋)

   》 _____

8. 공무원인 사토씨는 제 일본어 선생님입니다. (公務員、佐藤、日本語)

   》 _____

9. 선생님 연구실에는 일본어 책이 많이 있습니다. (研究室、日本語、本、たくさん)

   》 _____

10. 당신의 고양이는 어디에도 없습니다. (猫、どこ)

   》 _____

조사 「に」와 「で」의 쓰임이 헷갈려요.

1. 「に」: 존재 장소, 동작의 결과가 존재하는 장소 '~에'

예 ここに本があります。

私は部屋にいる。

つくえの上に本を置きます。 (책을 두면 책상 위에 책이 존재한다는 의미에서)

駅の前に集まってください。 (사람이 모이면 역 앞에 사람이 존재하게 된다는 의미에서)

2. 「で」: 동작이나 행위가 이루어지는 장소 '~에서'

예 ここで本を読みます。

食堂でお昼を食べます。

学生は運動場で野球をする。

会議室で会議があります。 ('회의'는 동작 내지 행위를 나타내는 명사이므로)

2020年に東京でオリンピックがあります。 (올림픽은 고유명사이기는 하나 전 세계 사람들이 모여 스포츠를 한다는 행위 개념이 내포된 단어이므로)

助数詞

- 조수사, 가족호칭

1. ≫ 数字(すうじ)

① 10

一(いち)	二(に)	三(さん)	四/四(し よん)	五(ご)
六(ろく)	七/七(しち なな)	八(はち)	九/九(きゅう く)	十(じゅう)

② 100

百(ひゃく)	二百(に ひゃく)	三百(さんびゃく)	四百(よんひゃく)	五百(ご ひゃく)
六百(ろっぴゃく)	七百(ななひゃく)	八百(はっぴゃく)	九百(きゅうひゃく)	千(せん)

③ 1,000

千(せん)	二千(に せん)	三千(さんぜん)	四千(よんせん)	五千(ご せん)
六千(ろっせん)	七千(ななせん)	八千(はっせん)	九千(きゅうせん)	一万(いちまん)

2. 》 物の数：何個

一つ	二つ	三つ	四つ	五つ
六つ	七つ	八つ	九つ	十

3. 》 人数：何人

一人	二人	三人	四人	五人
六人	七人/七人	八人	九人/九人	十人

4. 》 日：何日

一日	二日	三日	四日	五日
六日	七日	八日	九日	十日
十一日	十二日	十四日	二十日	二十四日

5. 》 時間：何時、何分

一時	二時	三時	四時	五時
六時	七時	八時	九時	十時
一分	二分	三分	四分	五分
六分	七分	八分/八分	九分	十分/十分

6. » 単位（たんい）：何本（なんぼん）、何階（なんがい）

一本（いっぽん）	二本（にほん）	三本（さんぼん）	四本（よんほん）	五本（ごほん）
六本（ろっぽん）	七本/七本（ななほん/しちほん）	八本/八本（はっぽん/はちほん）	九本（きゅうほん）	十本/十本（じゅっぽん/じっぽん）
一階（いっかい）	二階（にかい）	三階（さんがい）	四階（よんかい）	五階（ごかい）
六階（ろっかい）	七階（ななかい）	八階/八階（はっかい/はちかい）	九階（きゅうかい）	十階/十階（じゅっかい/じっかい）

7. » 曜日（ようび）：何曜日（なんようび）

月曜日（げつようび）	火曜日（かようび）	水曜日（すいようび）	木曜日（もくようび）	金曜日（きんようび）
土曜日（どようび）	日曜日（にちようび）			

8. » 家族（かぞく）

호칭	나의 가족	남의 가족	호칭	나의 가족	남의 가족
할아버지	祖父（そふ）	おじいさん	남편	主人・夫（しゅじん・おっと）	ご主人（しゅじん）
할머니	祖母（そぼ）	おばあさん	아내	家内・妻（かない・つま）	奥さん（おく）
아버지	父（ちち）	お父さん（とう）	자녀	子ども・子（こ）	お子さん（こ）
어머니	母（はは）	お母さん（かあ）	아들	息子（むすこ）	息子さん（むすこ）
형, 오빠	兄（あに）	お兄さん（にい）	딸	娘（むすめ）	娘さん（むすめ）
누나, 언니	姉（あね）	お姉さん（ねえ）	부모의 남자형제	おじ	おじさん
남동생	弟（おとうと）	弟さん（おとうと）	부모의 여자형제	おば	おばさん
여동생	妹（いもうと）	妹さん（いもうと）	손자	孫（まご）	お孫さん（まご）
부모	親・両親（おや・りょうしん）	ご両親（りょうしん）	형제	兄弟（きょうだい）	ご兄弟（きょうだい）

연습하기

1. 하루는 24시간, 한 달은 30일, 일 년은 365일입니다. (一日、一ヶ月、一年)

   ≫ _____

2. 이 사과는 세 개에 얼마예요? (りんご)

   ≫ _____

3. 교실에는 두 명의 학생이 있습니다. (教室)

   ≫ _____

4. 지금 몇 시 몇 분인가요? (今)

   ≫ _____

5. 형님은 대학생인가요? (お兄さん)

   ≫ _____

6. 책상 위에 책이 세 권 있습니다. (つくえ)

   ≫ _____

7. 우리 집에는 고양이 한 마리와 강아지 두 마리가 있습니다. (わが家)

   ≫ _____

8. 자제분은 몇 살이세요? (お子さん、おいくつ)

   ≫ _____

9. 내일은 8일이고 목요일입니다. (明日 or 明日)

   ≫ _____

10. 일본어 강의실은 7층에 있습니다. (講義室)

   ≫ _____

초하루는 왜 「ついたち」라고 하나요?

「ついたち」는 「月立ち」가 변화된 말로, 「立つ」는 시작되다(始まる), 나타나다(現れる)를 의미한다. 즉, '달이 처음 나타난다(月が立つ)'는 뜻에서 「月立ち=ついたち」가 되었다.

30일은 「つごもり」라고 하는데 이는 「月隠り」, 곧 '달이 모습을 감추어 보이지 않는다(月が隠る)'는 의미에서 유래되었다. 덧붙여 30이란 숫자는 「みそ」라고도 하기에 30일은 「みそか」라고도 한다. 여기에서 12월 31일을 일컫는 「大みそか」가 생겨났다.

MEMO

3-1

日本の 夏は とても 暑いです。

- 형용사

어간(語幹)	어미(語尾)
おおき	い
おもしろ	い
かわい	い

1. ≫ ～い＋명사

- 青い 空
- 大きい 川
- 高い ビル
- 美しい 人

2. ≫ ～い＋です(か)

❀ 日本語は 面白いです。

❀ 東京は 物価が 高いです。

❀ 日本の 夏は とても 暑いです。

❀ 納豆は おいしいですか。

3. ≫ 어간＋くない

❀ 日本語は 難しくない。

❀ 私の 部屋は 広くない。

❀ 学校は 家から 遠くない。

❀ 彼女の 髪は 長くも 短くもない。

4. ≫ 어간＋くないです(＝くありません)

❀ 中国語は 易しくないです。

❀ 東京の 家賃は 安くないです。

❀ 彼との 会話は 楽しくありません。

❀ 秋は 涼しいが、あまり 長くありません。

	보통	정중
긍정	**① 기본형** おいしい あたたかい いい	② ①+です おいしいです あたたかいです いいです
부정	**③ 어간+くない** おいしくない あたたかくない よくない	④ ③+です おいしくないです (＝ありません) あたたかく ありません よくないです

※「いい(よい)」의 경우, 긍정문은「いい」, 부정문은「よい」가 활용한다.

❀ この かばんは いい(です)。

❀ うそを つくのは よくない(です)。

◉ **신체 관련 관용구**

顔が 広い	
口が 軽い	
口が 堅い	
口が 重い	
口が うるさい	
目が 高い	
目が 早い	
目が ない	
耳が 早い	
耳が 遠い	
気が 短い	
気が 長い	

☀ 形容詞単語

단어	뜻	단어	뜻	단어	뜻	단어	뜻
大きい	크다	小さい	작다	多い	많다	少ない	적다
高い	높다	低い	낮다	高い	비싸다	安い	싸다
遠い	멀다	近い	가깝다	新しい	새롭다	古い	낡다
深い	깊다	浅い	얕다	明るい	밝다	暗い	어둡다
広い	넓다	狭い	좁다	暖かい	따뜻하다	涼しい	서늘하다
暑い	덥다	寒い	춥다	熱い	뜨겁다	冷たい	차갑다
楽しい	즐겁다	悲しい	슬프다	寂しい	쓸쓸하다	嬉しい	기쁘다
面白い	재미있다	つまらない	시시하다	美味しい	맛있다	まずい	맛없다
難しい	어렵다	易しい	쉽다	優しい	상냥하다	かわいい	귀엽다
美しい	에쁘다	痛い	아프다	つらい	힘들다	苦しい	괴롭다
甘い	달다	辛い	맵다	早い	이르다	遅い	늦다
太い	굵다	細い	가늘다	速い	빠르다	苦い	쓰다
軽い	가볍다	重い	무겁다	固い	딱딱하다	柔らかい	부드럽다
厚い	두껍다	薄い	얇다	忙しい	바쁘다	危ない	위험하다
詳しい	상세하다	親しい	친하다	うるさい	시끄럽다	怖い	무섭다
強い	강하다	弱い	약하다	細かい	잘다	粗い	거칠다

연습하기

1. 그는 밝은 성격입니다. (彼、明るい、性格)

　≫ _____

2. 한국의 파란 가을 하늘은 정말 아름다워요. (青い、秋、空、美しい)

　≫ _____

3. 그 레스토랑은 역에서 가깝습니다. (レストラン、駅、近い)

　≫ _____

4. 일본 음식은 별로 맵지 않다. (食べ物、あまり、辛い)

　≫ _____

5. 코끼리는 코가 길다. (象、鼻、長い)

　≫ _____

6. 음식의 양은 많지도 적지도 않습니다. (食べ物、量、多い、少ない)

　≫ _____

7. 그 가게는 가격은 싸지만 물건은 좋지 않다. (店、値段、安い、品物、いい)

　≫ _____

8. 일본에서 가장 높은 산은 후지산이다. (最も、高い、富士山)

　≫ _____

9. 세계에서 인구가 가장 많은 나라는 중국이다. (世界、人口、一番、国、中国)

　≫ _____

10. 일본어 작문은 쉽지 않지만, 수업은 즐겁습니다. (易しい、授業、楽しい)

　≫ _____

「多い友だち」라는 표현은 어색한가요?

예　この花は赤い。(○) / 赤い花を買う。(○)

私は友だちが多い。(○) / 多い友だちが来ました。(×)

→友だちがたくさん(大勢)来ました。(○)

多い友だち(×) → たくさんの友だち、多くの友だち、大勢の友だち(○)

1. 「多い」「少ない」는 술어로는 쓰여도 명사를 수식하는 말로는 사용할 수 없다.

단, 「～が多い～」「～が少ない～」의 형태는 가능

예　兄弟が多い人、韓国人が多いクラス、

量が少ないカレー、子どもが少ない家族 등

2. 수량이 적다는 의미가 아니라 '한정된 수량' 의 의미라면 「少ない～」라는 표현도 가능

예　少ない時間を有効に使います。

少ない給料で一ヶ月を過ごすのは大変だ。

3-2

教室は 広くて 涼しいです。

- 비교격 조사 より, ほど
- 형용사 ~くて

1. 》 ~より

❀ 日本は 韓国より 人口が 多い。

❀ 妹は 姉より 背が 高い。

❀ お酒より ビールの 方が いい。

❀ 花より 団子。

2. 》 ~ほど

❀ 小説ほど 映画は 面白くありません。

❀ バスは 電車ほど 速くないです。

❀ 日本語は 中国語ほど 難しくない。

❀ 東京は ソウルほど 寒くありません。

3. 》 형용사 어간 + くて

1) 열거

❀ お祖母さんは 目も 悪くて 耳も 遠い。

❀ おにぎりは 安くて おいしい 食べ物です。

❀ 東京の 夏は 暑くて 湿気も 多い。

❀ ケーキは やわらかくて とても 甘い。

2) 원인, 이유

❀ 日本語は 漢字が 多くて 易しくない。

❀ 彼女は 明るくて みんなに 人気が あります。

❀ 教室は 広くて 涼しいです。

❀ あの アパートは 駅から 近くて 家賃が 高い。

4. 》 ～く なる : ~해 지다

❀ 天気が 暖かく なる。

❀ 日本語の 発音が だんだん よく なる。

연습하기

1. 신칸센보다 비행기가 빠릅니다. (新幹線、飛行幾、速い)

   》 _____

2. 어제보다 오늘이 더 덥네요. (昨日、今日、もっと、暑い)

   》 _____

3. 그녀는 당신만큼 밝은 성격이 아닙니다. (彼女、あなた、明るい、性格)

   》 _____

4. 코끼리는 코가 길고 기린은 목이 깁니다. (象、鼻、長い、キリン、首)

   》 _____

5. 일본 음식은 한국 음식만큼 맵지 않다. (食べ物、辛い)

   》 _____

6. 백화점은 역에서 가까워서 좋습니다. (デパート、駅、近い、いい)

   》 _____

7. 이 가방은 크고 가볍습니다. (かばん、大きい、軽い)

   》 _____

8. 사과는 둥글고 빨갛습니다. (りんご、丸い、赤い)

   》 _____

9. 일본어는 쉬워서 재미있습니다. (日本語、易しい、おもしろい)

   》 _____

10. 그녀는 예쁘고 마음씨도 상냥합니다. (彼女、美しい、心、優しい)

   》 _____

37

Q 잠깐 공부하기

조사의 쓰임에 대해 정리해주세요.

종류	뜻	예문
は	～은(는)	私は学生です。 父は公務員で、母は先生です。
が	① ～이(가) ② ～의(연체격)	① 空が青い。　山が見える。 ② 自由が丘(자유의 언덕)　わが家(우리 집)
を	～를(을)	本を読む。　家を出る。　ご飯を食べる。
と	① ～와(과) ② ～이(가) (변화)	① 友だちと旅行する。 ② 母となる。　氷が水となる。
や	～랑, ～나	テーブルの上に本や雑誌などがあります。
も	① ～도 ② ～나(수량강조)	① 花子は英語も韓国語も上手です。 ② りんごを三個も食べる。
の	① ～의 ② ～의 것 ③ 명사+명사 ④ 동격	① これは私のかばんです。　② この本は友だちのです。 ③ 日本語の先生はどなたですか。 ④ 妹の綾子は大学生です。
に	① ～에 ② ～에게 ③ ～이(가) (변화)	① 公園にいる。(존재 장소)　家に帰る。(목적지) 　朝、7時に起きる。(시간)　お酒に弱い。(대상) ② 彼に本を送る。　③ 学者になる。
へ	～(으)로	学校へ行く。　東へ飛ぶ。
で	① ～에서 ② ～(으)로 ③ ～(으)로 ④ ～(으)로 ⑤ ～에	① 会社で働く。(동작 장소)　② 電話で話す。(수단) ③ 豆で豆腐を作る。(재료)　④ 風邪で休む。(원인) ⑤ 2個で100円です。(한도, 범위)
から	① ～부터 ② ～에서부터 ③ ～(으)로부터 ④ ～(으)로 ⑤ ～이니까	① 授業は10時から始まる。(개시지점) ② 家は駅から遠い。(기준)　③ 兄からメールが来た。(기점) ④ 米から酒を作る。(원료)　⑤ 危ないから行かない。(원인)
まで	① ～까지 ② ～까지 쭉	① 授業は10時から12時までです。(종료지점) ② 私がもどるまでここで待ってください。(지속)
までに	～까지	① 私がもどるまでに掃除をしておいてね。(완료) ② 来週までにレポートを出してください。(기한)

4-1

代々木 公園は 静かです。

- 형용동사

어간(語幹)	어미(語尾)
しずか	だ
まじめ	だ
すき	だ

1. 》 어간＋な＋명사

🌸 静_{しず}かな 公園_{こうえん}

🌸 好_すきな 人_{ひと}

🌸 にぎやかな 町_{まち}

🌸 有名_{ゆうめい}な 俳優_{はいゆう}

※ 예외: 同_{おな}じ 本_{ほん}(○)   ・ 同_{おな}じな 本_{ほん}(×)

2. 》 **어간 + です(か)**

❀ 彼女は 真面目です。

❀ 代々木 公園は 静かです。

❀ ソウルの 交通は 便利ですか。

❀ 刺身は 好きですか。

3. 》 **어간 + では(じゃ)ない**

❀ あの 人は 親切ではない。

❀ 日本語の 授業は 退屈じゃない。

❀ 水泳は 得意ではない。

❀ 問題は 簡単じゃない。

4. 》 **어간 + ではないです(=じゃありません)**

❀ 姉は 朗らかではないです。

❀ 鈴木さんは ハンサムじゃありません。

❀ あの 服は 派手じゃないです。

❀ 料理は あまり 上手じゃありません。

	보통	정중
긍정	① **기본형** すきだ しずかだ ゆうめいだ	② **어간+です** すきです しずかです ゆうめいです
부정	③ **어간+ではない** すきではない しずかではない ゆうめいではない	④ **③+です** すきではないです(=ありません) しずかではないです ゆうめいではありません

◉ 形容動詞単語
_{けいようどうしたんご}

단어	뜻	단어	뜻	단어	뜻
好きだ	좋아하다	上手だ	능숙하다	得意だ	잘한다
嫌いだ	싫어하다	下手だ	서툴다	苦手だ	못한다
静かだ	조용하다	便利だ	편리하다	華やかだ	화려하다
賑やかだ	번화하다	不便だ	불편하다	地味だ	수수하다
大事だ	중요하다	大切だ	소중하다	元気だ	건강하다
有名だ	유명하다	立派だ	훌륭하다	真面目だ	성실하다
素直だ	솔직하다	盛んだ	성행하다	新鮮だ	신선하다
親切だ	친절하다	大変だ	큰일이다	見事だ	볼만하다
不思議だ	이상하다	確かだ	확실하다	わがままだ	제멋대로이다
きれいだ	아름답다 깨끗하다	変だ	(상태 등이) 이상하다	いやだ	싫다
暇だ	한가하다	すてきだ	멋지다	楽だ	편안하다

연습하기

1. 아름다운 장미이군요. (きれいだ、ばら)

　　》 _____

2. 당신에게 가장 소중한 물건은 뭐예요? (一番^{いちばん}、大事^{だいじ}だ、もの)

　　》 _____

3. 싫어하는 음식, 있어요? (嫌^{きら}いだ、食^たべ物^{もの})

　　》 _____

4. 당신의 일본어는 훌륭합니다. (日本語^{にほんご}、立派^{りっぱ}だ)

　　》 _____

5. 그는 제멋대로인 사람이 아닙니다. (彼^{かれ}、わがままだ、人^{ひと})

　　》 _____

6. 학교에서 집까지의 교통은 편리해요? (学校^{がっこう}、家^{いえ}、交通^{こうつう}、便利^{べんり}だ)

　　》 _____

7. 한국에서는 프로 야구가 성행합니다. (プロ野球^{やきゅう}、盛^{さか}んだ)

　　》 _____

8. 그 배우는 노래도 잘합니다. (俳優^{はいゆう}、歌^{うた}、上手^{じょうず}だ)

　　》 _____

9. 할아버지는 건강하지 않습니다. (おじいさん、元気^{げんき}だ)

　　》 _____

10. 『친절한 금자씨』는 유명한 작품입니다. (親切^{しんせつ}だ、有名^{ゆうめい}だ、作品^{さくひん})

　　》 _____

「きらいだ」와 「いやだ」의 의미는 어떻게 다른가요?

1. 「嫌いだ」: 어떤 대상이나 상태에 대해 지속적, 항상적으로 호감을 가질 수 없는 감정을 나타낼 때 쓰인다. 반대말은 「好きだ」

   예 私はうそをつく人は嫌いだ。

   嫌いな食べ物は何ですか。

2. 「嫌だ」: 대상에 대한 순간적 판단이나 거부 반응 등의 감정을 나타낸다. 즉 마음이 내키지 않거나 불쾌한 상황에서 이를 피하고 싶은 부정적 기분을 표현하는 것이다. 반대말은 「いい」

   예 あんな男とつきあうのはもういやだ。

   A: 焼き肉、食べない?

   B: 今日はいやだ。昨日、食べ過ぎたから。

   A: そろそろ勉強、始めましょう。

   B: いやです。

   A: なんで? 勉強、嫌いですか。

   B: いいえ、嫌いではありません。

   でも、今は頭が痛くてあまり勉強したくありません。

※ 今日はピーマンが嫌いです。(×)

MEMO

4-2

彼は 真面目で すなおな 人です。

・형용동사 활용

1. ≫ ～が ＋ 형용동사

❀ 私は ラーメンが(を×)好きです。

❀ 母は たばこの 匂いが(を×)嫌いです。

❀ あなたは 日本語が(を×)上手ですね。

❀ 中山さんは 料理が(を×)下手です。

❀ 彼は 水泳が(を×) 得意です。

❀ 弟は 数学が(を×) 苦手です。

2. 》 형용동사 어간 + で

1) 열거

🌸 この 部屋は 静かで、きれいですね。

🌸 彼は 真面目で すなおな 人です。

🌸 その 店の 店員は 親切で やさしい。

🌸 あの 子は 歌も 上手で、ダンスも 立派です。

2) 원인, 이유

🌸 この アパートは 交通が 便利で 家賃が 高い。

🌸 あの 服は 派手で あまり 好きではない。

🌸 彼女は 朗らかで みんなに 人気が あります。

🌸 これは 作り方が 簡単で いいですね。

3. 》 〜に なる

🌸 日本語が 上手に なる。

🌸 問題が もっと 複雑に なる。

🌸 まわりが 静かに なる。

🌸 彼が 好きに なる。

연습하기

1. 과일 중에는 사과를 제일 좋아합니다. (果物、中、りんご、好きだ)

   ≫ _____

2. 저는 제멋대로인 사람을 싫어합니다. (わがままだ、嫌いだ)

   ≫ _____

3. 여동생은 영어를 잘합니다. (妹、英語、上手だ)

   ≫ _____

4. 형은 요리를 잘 못해요. (兄、料理、苦手だ)

   ≫ _____

5. 제 친구는 성실하고 건강합니다. (友だち、真面目だ、元気だ)

   ≫ _____

6. KTX는 편리하고 안전합니다. (便利だ、安全だ)

   ≫ _____

7. 그녀는 수수해서 좋아요. (彼女、地味だ、いい)

   ≫ _____

8. 전보다 거리가 번화해진다. (前、街、賑やかだ)

   ≫ _____

9. 얼굴이 예쁜 사람보다 마음이 예쁜 사람을 좋아합니다. (顔、きれいだ、心、好きだ)

   ≫ _____

10. 이 방은 조용하고 깨끗하군요. (静かだ、きれいだ)

   ≫ _____

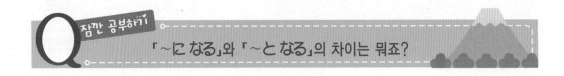

「～に なる」와 「～と なる」의 차이는 뭐죠?

두 문형 모두 변화 결과를 나타내는 말로 '~이(가) 되다'의 의미를 갖는다.

1. 「～に なる」: 자연스러운 과정을 거친 결과로서 변화된 것

　　　　　　　어느 정도 연속적인 변화 시간이 필요한 경우

　예　花子は大学を卒業して、小学校の先生になりました。

　　　午前中は晴れですが、徐々に曇りが広がって、明日は雨になるでしょう。

　　　弟はだんだん真面目になりました。

2. 「～と なる」: 결과에 주목한 변화 표현, 명확한 주장이나 적극적 의사를 반영

　예　彼はいよいよ会社の会長となりました。

　　　ちりも積もれば山となる。

　　　今、降っている雪も午後からは雨となるでしょう。

　　　手紙はもう煙となって空へ消えて行きます。

5-1

昨日の パーティーは 楽しかった。

・형용사 과거형

1. ≫ 어간＋かった

❀ 友だちの 部屋は 狭かった。

❀ 昨日の パーティーは 楽しかった。

❀ 今年の 夏は とても 暑かった。

❀ 学食の カレーライスは おいしかった。

2. ≫ 어간＋かったです

❀ 新幹線は 大変 速かったです。

❀ あの 川は とても 深かったです。

❀ 二三日、仕事で 忙しかったです。

❀ 道は 暗くて すごく 怖かったです。

3. 》 어간＋くなかった

❀ 東京の 物価は 安くなかった。

❀ 愛 以外は 何も ほしくなかった。

❀ 妹の 料理は おいしくなかった。

❀ おばあさんの かばんは 重くなかった。

4. 》 어간＋くなかったです(＝くありませんでした)

❀ その 映画は 面白くなかったです。

❀ 相手は あまり 強くありませんでした。

❀ 学校の 成績は 悪くありませんでした。

❀ 週末は 体の 具合が あまり よくなかったです。

◉ **형용사 과거형**

	보통	정중
긍정	① **어간**+かった おいしかった あたたかかった さむかった よかった	② ①+です おいしかったです あたたかかったです さむかったです よかったです
부정	③ **어간**+くなかった おいしくなかった あたたかくなかった さむくなかった よくなかった	④ ③+です おいしくなかったです 　　　=(ありませんでした) あたたかくなかったです さむくありませんでした よくありませんでした

※ 「いい(よい)」의 경우, 과거형 활용은 「よい」에 한한다.
　　よかった / よかったです / よくなかった / よくなかったです

51

연습하기

1. 엄마는 젊었을 때 매우 예뻤다. (母、若い、頃、美しい)

   » _____

2. 그의 재능이 무척 부러웠습니다. (彼、才能、うらやましい)

   » _____

3. 내가 나빴어. 미안해. (悪い)

   » _____

4. 학교에서 집까지는 그리 멀지않았다. (学校、家、遠い)

   » _____

5. 작년 겨울은 꽤 따뜻했습니다. (去年、冬、かなり、暖かい)

   » _____

6. 그 공원은 나무도 많고 연못도 넓었습니다. (公園、木、多い、池、広い)

   » _____

7. 크리스마스는 혼자여서 쓸쓸했어요. (クリスマス、一人ぼっちで、寂しい)

   » _____

8. 그의 차는 새것이 아니었습니다. (車、新しい)

   » _____

9. 학생식당 라면은 맛있고 양도 적지 않았습니다. (学食、ラーメン、量、少ない)

   » _____

10. 중학교 시절, 그녀는 그다지 키가 크지 않았다. (中学時代、彼女、背が 高い)

   » _____

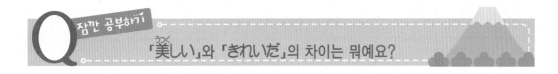

「美しい」와 「きれいだ」의 차이는 뭐예요?

1. 「美しい」: 색, 모양, 형태, 음성 등 외면적인 아름다움은 물론, 관념적이거나 내면적인

   감동도 포함한다. 자연물에 많이 쓰인다. 반대말은 「醜い」

   예 あれは美しい振舞いだった。(○) / きれいな振舞い(×)

   あの二人は美しい友情の見本です。

   美しい国を作りましょう。

2. 「綺麗だ」: 아름답게 꾸민 상태에 대한 충족감이나 만족감을 나타낸다. 좋은 외관, 청

   결, 쾌적함을 나타내는 경우가 많으며 흔히 만들어진 아름다움에 많이 쓰인다.

   반대말은 「汚い」

   예 きれいな着物ですね。

   花嫁はきれいでした。

   手をきれいに洗いましょう。

MEMO

5-2

兄は 料理が 得意だった。

・형용동사 과거형

1. ≫ 어간 + だった

❀ 兄は 料理が 得意だった。

❀ 好きだった 人、いますか。

❀ 日本との サッカー 試合は 見事だった。

❀ あの タレントは 昔 けっこう 有名だった。

2. ≫ 어간 + でした

❀ 今日は 一日中 暇でした。

❀ 数学は 難しくて 嫌いでした。

❀ 高校生の 制服は みんな 同じでした。

❀ 刺身は 値段は 高かったが、新鮮でした。

3. ≫ 어간＋ではなかった

❀ 弟の 部屋は きれいではなかった。

❀ 彼との 時間は 退屈ではなかった。

❀ ダンスは 悪くなかったが、歌は 上手ではなかった。

❀ あの 店の 店員は 親切ではなかった。

4. ≫ 어간＋ではなかったです(＝ではありませんでした)

❀ 健康が 何よりで、お金は 大事ではなかったです。

❀ 静かな 性格でしたが、べつに 真面目ではありませんでした。

❀ 花嫁の ドレスは あまり 華やかではなかったです。

❀ 形は 素晴らしかったが、使い方は 便利ではなかったです。

※「명사＋だ」역시 형용동사에 준하는 활용을 한다.

❀ 学生だった / 学生でした。

❀ 学生ではなかった。/ 学生ではなかったです(ではありませんでした)

◎ 형용동사 과거형

	보통	정중
긍정	① **어간**+だった 好<small>す</small>きだった 静<small>しず</small>かだった 有名<small>ゆうめい</small>だった	② **어간**+でした 好<small>す</small>きでした 静<small>しず</small>かでした 有名<small>ゆうめい</small>でした
부정	③ **어간**+ではなかった 好<small>す</small>きではなかった 静<small>しず</small>かではなかった 有名<small>ゆうめい</small>ではなかった	④ ③+です 好<small>す</small>きではなかったです (＝ありませんでした) 静<small>しず</small>かではなかったです 有名<small>ゆうめい</small>ではなかったです

연습하기

1. 그 감독의 영화는 그다지 좋아하지 않았습니다. (監督、映画、好きだ)

    >> _____

2. 바다의 경치는 아름다웠습니까? (海、景色、きれいだ)

    >> _____

3. 그 가게의 생선은 신선하지 않았다. (魚、新鮮だ)

    >> _____

4. 저는 일본어를 잘했어요. (日本語、上手だ)

    >> _____

5. 그는 조용하고 매우 성실했다. (静かだ、真面目だ)

    >> _____

6. 옛날에 이곳은 그다지 번화하지 않았습니다. (昔、にぎやかだ)

    >> _____

7. 그 때는 당신 사랑이 필요했어. (あの 時、愛、必要だ)

    >> _____

8. 동경은 조용하고 깨끗했습니다. (東京、静かだ、きれいだ)

    >> _____

9. 두 사람은 가난했지만 행복했어요. (二人、貧乏だ、幸せだ)

    >> _____

10. 문제는 어렵고 간단하지 않았다. (問題、難しい、簡単だ)

    >> _____

「大事だ」와「大切だ」는 어떻게 다른가요?

「大事だ」와「大切だ」모두 필요에 의해 중히 여기다, 소중히 다루다, 마음을 쓰다, 아끼다 등의 의미를 지니며 거의 모든 경우에 상호 호환 가능하다. 굳이 뉘앙스의 차이를 따지자면 다음과 같다.

1. 「大切だ」: 주관적인 심정이나 애착, 애정 등이 강하다.

   예 限りある自然を大切にしましょう。

   物を大切にしてください。

   彼は私にとって大切な人です。

   初恋の人からもらった手紙を今も大切にしています。

2. 「大事だ」: 객관적이고 실질적, 사무적으로 중요한 느낌이 앞선다.

   예 明日は大事な用件で大阪へ出張する。

   お体をお大事にしてください。

   ビジネスに大事な文書だから気をつけてください。

   その件は国家の一大事なことです。

MEMO

6-1

たばこは　吸わない。

・동사 기본형, 부정형

1. ≫ 동사의 기본형

어간	어미	어간	어미
言^い	う	遊^{あそ}	ぶ
書^か	く	休^{やす}	む
話^{はな}	す	食^たべ	る
立^た	つ	帰^{かえ}	る
死^し	ぬ	す	る

2. ≫ 동사의 종류

종류		기본형
1단 동사	－イ단＋る －エ단＋る	起きる、見る、着る、信じる、落ちる、居る 等
		食べる、寝る、教える、出る、考える、受ける、開ける 等
5단 동사	1단, する, くる를 제외한 나머지 동사	言う、願う、書く、泳ぐ、話す、立つ、死ぬ、休む、遊ぶ、降る、売る、始まる、終わる 等
※ 예외 5단 동사		入る、走る、知る、要る、切る、握る、参る、散る、帰る、減る、しゃべる、蹴る、返る、滑る、照る 等
변격동사	する	あいさつする、散歩する、運動する、勉強する 等
	くる	来る

3. ≫ 부정형

1) 1단 동사： 어간 + ない

❀ 妹は 夜、早く 寝ない。

❀ この 映画、いっしょに 見ない?

❀ 人に 秘密を 教えない。

❀ お肉は 食べない。

2) 5단 동사： 어간 + 어미 「ア(a)」음 + ない

❀ 体に よくない タバコは 吸わない。

✿ 弟は 母の 話を 聞かない。

✿ 最近の 若者は 本を あまり 読まない。

✿ 高い プレゼントは 要らない。

3) 변격 동사: する → しない / 来る → 来ない

✿ 明日、テストですが、友だちは 勉強しない。

✿ いっしょに ちょっと 散歩しない?

✿ もう 始まるのに 彼は まだ 来ない。

✿ 今度の 土曜日、家へ 来ない?

4. ≫ 조사와 결합이 강한 동사

~が 分かる	~을(를) 알다, 이해하다
~が できる	~을(를) 할 수 있다
~に 会う	~을(를) 만나다
~に 勤める	~에 근무하다
~に 勝つ	~을(를) 이기다
~に 乗る	~을(를) 타다
~に 住む	~에 살다
~に 代わる	~을(를) 대신하다
~に 似る	~을(를) 닮다

연습하기

1. 필요 없는 물건은 사지 않는다. (要る、もの、買う)

» _____

2. 이번 미팅에 그는 오지 않는다. (今度、ミーティング、彼、来る)

» _____

3. 둘이서 맛있는 케이크를 먹는다. (二人で、おいしい、ケーキ、食べる)

» _____

4. 오늘은 일찍 집에 돌아간다. (今日、早く、家、帰る)

» _____

5. 그는 책을 읽지 않는다. (彼、本、読む)

» _____

6. 나쁜 일은 하지 않는다. (悪い、こと、する)

» _____

7. 여름방학에 일본에 안 갈래? (夏休み、日本、行く)

» _____

8. 엄마는 아이에게 글씨를 가르친다. (お母さん、子ども、字、教える)

» _____

9. 나는 매일 그녀에게 전화를 건다. (毎日、彼女、電話を かける)

» _____

10. 두 번 다시 그를 만나지 않을 거야. (二度と、会う)

» _____

「分かる」와 「知る」는 어떻게 달라요?

1. 「分かる」: 사물이나 대상을 다른 것과 구별하여 판단하거나 대상의 성격, 기분, 의도 등을 이해한다는 의미

   예 私はあなたの気持ちが分かります。

   まわりが暗かったので、そこにいた人が誰なのか分からなかった。

   テストの結果はいつ分かりますか。

   先生の説明が分からない人は手をあげて。

2. 「知る」: 사물이나 대상의 존재나 양상을 파악하거나 정보, 가치를 이해한다는 의미

   예 その本は前に読んだことがあるので、知っています。

   自分の欠点を知ることは大事なことです。

   あの人は昔のことをよく知っている。

   敵を知り、おのれを知る。

MEMO

6-2

今日は アルバイトに 行かなければ いけない。

・동사ない형 연결 문형

1. ≫ ～なければ ならない

주로 법률이나 공공의 규칙 등 개인의 의사로 바꿀 수 없는 경우의 의무 표현

❀ 月末までに 家賃を 払わなければ ならない。

❀ ビザの 期限までに 更新しなければ ならない。

❀ ビンと カンは 燃えない ゴミの ところに 捨てなければ ならない。

2. ≫ ～なければ いけない : 개인 사정을 전제로 하는 의무 표현

❀ 歯が 痛くて 早く 歯医者に 行かなければ いけない。

❀ 日本語が 上手に なるためには 漢字を 覚えなければ いけない。

❀ 明日 早いから 早く 寝なければ いけない。

✿ 今日は アルバイトに 行かなければ いけない。

3. ≫ ～なくては ならない・～なくては いけない

✿ 学校の 校則は きちんと 守らなくては ならない。

✿ 彼が 帰るまで ここで 待たなくては いけない。

✿ もっと 熱心に 運動しなくては いけない。

4. ≫ ～なきゃ・～なくちゃ

✿ あ、もう こんな 時間。帰らなくちゃ。

✿ もっと 食べなきゃ だめよ。

✿ 危ない! 気を つけなきゃ。

연습하기

1. 뭐든지 스스로 생각하지 않으면 안 된다고 생각해. (何でも、自ら、考える)

》 _____

2. 장래를 위해 열심히 일하지 않으면 안 된다. (将来、熱心に、働く)

》 _____

3. 눈이 나빠서 안보여. 좀 더 크게 써야 되거든. (見える、書く)

》 _____

4. 친구에게는 정직하게 말해야만 해. (正直だ、話す)

》 _____

5. 아무리 작은 일이라도 최선을 다해야 된다고 생각해. (どんなに、最善を 尽くす)

》 _____

6. 오늘은 9시까지 집에 돌아가지 않으면 안 돼. (帰る)

》 _____

7. 아 참, 엄마에게 연락해야지. (連絡する)

》 _____

8. 사람은 서로를 사랑하지 않으면 안 된다. (お互い、愛し合う)

》 _____

9. 상처는 의사에게 진찰 받아야 한다. (けが、医者、診てもらう)

》 _____

10. 공부도 좋지만 때로는 쉬어야지. (勉強、たまには、休む)

》 _____

「もしもし」의 어원은 무엇인가요?

전화할 때의 정해진 문구(決まり文句)인「もしもし」는 자기소개 할 때 쓰는「申します」의「申し」에서 비롯된 말이다.

「申し」는 옛날에 남에게 예의바르게 말을 걸거나 부를 때 사용하던 말로, 예를 들어「申し、お姫さま」처럼 쓰였다. 다음으로 두 번 겹친「申し申し」가 곧「もしもし」가 된 것이다. 길에서 낯모르는 사람에게「もしもし、何か落されましたよ」(저기요, 뭔가 떨어트리셨는데요.) 라고 말을 건넬 때도 사용한다.

이후 전화가 일본에 보급되자 전화를 건 사람이 수화기에 대고 목소리가 잘 전달되는지를 확인하는 의미에서 건넨「もしもし」가 전화 용어로 정착된 것이다.

7-1

今日は 早く 家に 帰ります。

・동사의 ます형

---

1. ≫ 1단 동사 : 어간＋ます/ません

❀ 毎朝、7時頃 起きます。

❀ 2時から 4時まで 作文の テストを 受けます。

❀ 魚は 食べますが、お肉は 食べません。

❀ 今後 彼の 話は 信じません。

2. ≫ 5단 동사 : 어간＋어미「イ(i)」음＋ます/ません

❀ 野彩は 八百屋で 買います。

❀ 今日は 早く 家に 帰ります。

❀ 最近の 若者は 本を あまり 読みません。

❀ お酒は 少し 飲みますが、タバコは 全然 吸いません。

3. ≫ **する → します / しません　来る → 来ます / 来ません**

❀ 一生懸命 日本語の 勉強を します。

❀ 元気が なくて ジョギングは しません。

❀ 5時までに ここに 戻ります。

❀ 明日の パーティーに 彼は 来ません。

4. ≫ **～ましょう(か)**

❀ 晩ご飯、いっしょに 食べましょう。

❀ いっしょうけんめい 勉強しましょう。

❀ いっぱい 飲みましょうか。

❀ もう ちょっと 待ちましょう。

5. ≫ **～ませんか**

❀ 明日、いっしょに 映画でも 見ませんか。

❀ 今度の 日曜日、図書館へ 行きませんか。

❀ もう こんな 時間。そろそろ 帰りませんか。

❀ 久しぶりに 彼に 会いませんか。

◎ 동사 「ます」형 시제

	현재	과거
긍정	～ます 見ます 持ちます します 来ます	～ました 見ました 持ちました しました 来ました
부정	～ません 見ません 持ちません しません 来ません	～ませんでした 見ませんでした 持ちませんでした しませんでした 来ませんでした

연습하기

1. 휴일에는 대개 집에서 쉽니다. (休みの日、たいてい、家、休む)

   》 _____

2. 친구와 함께 영화를 봅니다. (友だち、いっしょに、映画、見る)

   》 _____

3. 비싼 옷은 입지 않습니다. (高い、服、着る)

   》 _____

4. 매일, 밤 12시쯤 잡니다. (毎日、夜、頃、寝る)

   》 _____

5. 무슨 요리를 만들어요? (どんな、料理、作る)

   》 _____

6. 깨끗이 청소 합시다. (きれいに、掃除する)

   》 _____

7. 콘서트 표를 예약할까요? (コンサート、チケット、予約する)

   》 _____

8. 겨울방학에 홋카이도에 안 갈래요? (冬休み、北海道)

   》 _____

9. 슬슬 일을 시작합시다. (そろそろ、仕事、始める)

   》 _____

10. 같이 춤추지 않겠어요? (いっしょに、踊る)

   》 _____

「思う」와 「考える」의 차이는 뭐예요?

1. 「思う」: 추측이나 완곡한 판단, 결심, 기대, 회상, 걱정, 연모 등, 심정적인 측면에서 '생각하다'의 의미. 직관적, 순간적인 판단이라는 느낌이 강하다.

   예 こんな空だから、今晩は雨が降ると思います。

   　思ったことは必ず実行します。

   　子どもの成長をうれしく思います。

   　昔の生活を思うと今はまるで夢のようだ。

   　母はいつも弟のことを思っていた。

2. 「考える」: 지적 판단이나 고안 등, 지적인 측면에서 '생각하다' 의 의미.

   예 この問題はよく考えなければならない問題です。

   　彼は彼女が会社をやめると考えている。

   　先生はもっと便利な幾械を考えた。

   　おもしろいクイズを考えたの。知りたいでしょう？

※ 先生は学生のことを思う。(학생에 대해 애정을 갖고 친밀히 대한다는 의미)

　先生は学生のことを考える。(학생의 적성, 장래 등을 이성적으로 생각, 판단한다는 의미)

MEMO

7-2

青い 空を 見ながら あなたを 考える。

・동사ます형 연결 문형

---

1. ≫ ～ながら

❀ 音楽を 聞きながら ジョギングを します。

❀ 父は いつも 新聞を 読みながら ご飯を 食べます。

❀ 山内さんが 笑いながら 友だちと 話しました。

❀ 青い 空を 見ながら あなたを 考える。

2. ≫ ～始める / ～続ける / ～終わる

❀ 最近、村上春樹の 小説を 読み始めました。

❀ 昨日は カフェで 友だちを 2時間も 待ち続けました。

❀ 日本語が 上手に なるまで 勉強し続けます。

✿ 彼が 食べ終わるまで もう少し 待ちましょう。

3. ≫ ～に 行く(来る)

✿ 母と 映画を 見に 行きました。

✿ 本を 返しに 図書館へ 行きます。

✿ 弟が 私を 呼びに 部屋に 来ました。

✿ 日曜日、家へ 遊びに 来ませんか。

※「～する」동사

✿ 図書館へ {勉強に(○) / 勉強しに(○)} 行きます。

4. ≫ ～やすい / ～にくい

✿ この 本は 字が 大きくて 読みやすい。

✿ これは 柔らかくて 食べやすいです。

✿ 漢方薬は 苦くて 飲みにくい。

✿ 漢字は 難しくて 覚えにくいです。

연습하기

1. 여동생은 공부를 하면서 음악을 듣습니다. (妹、勉強する、音楽、聞く)

　》 _____

2. 노래를 부르면서 춤을 추는 일은 어렵습니다. (歌、歌う、踊り、踊る、難しい)

　》 _____

3. 수업 중에 그녀는 옆 사람과 계속 수다를 떱니다. (授業中、しゃべる)

　》 _____

4. 학생들은 일제히 답안을 쓰기 시작했습니다. (一斉に、答え、書く)

　》 _____

5. 드디어 지루한 책을 다 읽었습니다. (やっと、退屈だ、読む)

　》 _____

6. 내일 아베네 집에 놀러 가지 않을래? (明日 or 明日、安部、遊ぶ)

　》 _____

7. 게는 맛있지만 먹기 힘들어요. (蟹、おいしい、食べる)

　》 _____

8. 시골은 교통이 불편해서 살기 힘들지 않나요? (田舎、交通、不便だ、暮らす)

　》 _____

9. 이 책은 설명이 자세해서 알기 쉬워요. (本、説明、詳しい、分かる)

　》 _____

10. 사용법이 간단해서 만들기 쉽네요. (使い方、簡単だ、作る)

　》 _____

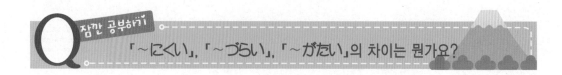

「～にくい」, 「～づらい」, 「～がたい」의 차이는 뭔가요?

1. 「～にくい」: '～하기 어렵다'는 가장 일반적인 표현
   물리적, 혹은 심리적인 곤란함을 나타낸다.

   예　この本は小学生には読みにくい。

   別れの言葉は言いにくかった。

   カニはおいしいが、食べにくい。

2. 「～づらい」: 감각이나 주관적인 곤란함을 나타내며 말하는 이의 육체적, 혹은 정신적인 불쾌감이 덧붙여진다.

   예　このモニターはどうも見づらい。

   服がきつくて動きづらいです。

   表面がつるつるしていて書きづらい紙です。

3. 「～がたい」: 문어적인 표현. 논리적, 객관적인 요소가 강하며 말하는 이의 능력을 벗어나서 '～하기 어렵다(할 수 없다)'는 의미를 나타낸다.

   예　だれにも忘れがたい思い出はあるでしょう。

   彼ははじめ、近よりがたい人だった。

   彼女は耐えがたい苦しみを味わってきた。

8-1

お昼、いっしょに 食べる人 いる?

・동사의 기본형 연결 문형

1. ≫ 동사 기본형＋명사

❀ お昼、いっしょに 食べる人、いる?

❀ 今度、見る 映画は 何ですか?

❀ 母と 行く 温泉は ここです。

❀ 今日、勉強する 内容は 動詞です。

2. ≫ ～ことが できる

❀ 私は 日本語の 本を 読むことが できる。

❀ ペットを 飼う ことが できる マンションを 探します。

❀ まわりが うるさくて 勉強することが できません。

✿ 結局、彼に 会うことが できませんでした。

3. ≫ ～方が いい

✿ 毎日、運動するほうが いいです。

✿ タバコは 早く やめるほうが いいです。

✿ 危ない 所には 行かないほうが いいですけど。

✿ 食べ過ぎないほうが 体に いいと 思う。

4. ≫ ～しか ない

✿ 漢字は とにかく 覚えるしか ない。

✿ できるだけ 正直に 話すしか ありません。

✿ 発音が 上手に なる ためには 何回も 練習するしか ない。

✿ ローンは 嫌いです。車を あきらめるしか 方法は ありません。

연습하기

1. 남을 괴롭히는 행동은 그만둡시다.(他人 or 人、いじめる、行動、止める)

   » _____

2. 슬픈 기억은 빨리 잊는 게 좋아요. (悲しい、思い出、早く、忘れる)

   » _____

3. 저는 일본어로 편지를 쓸 수 있습니다.(日本語、手紙、書く)

   » _____

4. 이번 시합에서 그를 이길 수 있을지 어떨지 잘 모르겠습니다.(今度、試合、勝つ)

   » _____

5. 선생님이 말하는 내용을 잘 모르겠습니다.(言う、内容、よく、分かる)

   » _____

6. 저는 바다에서 수영할 수 있습니다.(海、泳ぐ or 水泳する)

   » _____

7. 이 문제는 어려워서 풀 수 없습니다.(難しい、問題、解く)

   » _____

8. 이제 그를 잊을 수밖에 없습니다.(もう、忘れる)

   » _____

9. 한밤중에는 밖에 나가지 않는 게 좋아요. (真夜中、外、出る)

   » _____

10. 어려워도 계속하는 수밖에 없어요. (続ける)

   » _____

잠깐 공부하기

「帰った方がいいです」와 「帰る方がいいです」의 의미 차이는 무언가요?

1. 「동사 과거형た+方がいい」: 말하는 사람이 적극적으로, 또는 듣는 사람에게 선택의
   여지를 남기지 않고 자신의 의견이나 제안을 전하는 경우에 사용한다.

   예 A: どうも風邪をひいたらしいんですが。

   　　B: 風邪なら早く帰って休んだほうがいいですよ。

   　　A: 私、いつも朝ご飯は食べないんです。

   　　B: そうなんだ。でも、体のためには朝ご飯はちゃんと食べたほうがいいわよ。

2. 「동사 기본형+方がいい」: '어느 쪽이냐 하면'이라는 비교의 개념을 바탕으로, 말하는
   이의 선택을 전하는 경우에 사용한다.

   예 A: さびしい部屋ですね。

   　　B: そうですね。絵ぐらいあるほうがいいですね。

   　　A: 映画でも見に行こうか。

   　　B: 込んでいるでしょう。家で寝ているほうがいいですよ。

※ 「동사 과거형た+ほうがいい」 및 「동사 기본형+ほうがいい」의 부정형은 「~ないほう
　 がいい」

　 A: タバコははやく止めたほうがいいよ。

　 B: そうですね。吸わないほうがいいですね。

8-2

ちりも 積もれば 山と なる。

・ 동사의 가정형

1. 》》 1단 동사 어간＋れば

❀ お肉を 食べれば 力が 出ます。

❀ 朝、早く 起きれば 一日が 長い。

❀ 顔を 見れば すぐ 分かると 思います。

2. 》》 5단 동사 어간＋어미「エ(e)」음＋ば

❀ ちりも 積もれば 山と なる。

❀ ボタンを 押せば チケットが 出ます。

❀ 右と 言えば 左。

3. » する→すれば　くる→くれば

❀ うわさを すれば 影が 差す。

❀ 掃除すれば きれいに なる。

❀ 早く 来れば 彼に 会うことが できます。

4. » ～(れ)ば ～ほど

❀ 会えば 会うほど 魅力を 感じる。

❀ 日本語は 勉強すれば するほど 面白くなる。

❀ 家賃は 安ければ 安いほど いいんですけど。

❀ まわりが 静かならば 静かなほど、 勉強に 集中できます。

　　　　　=静かであれば 静かであるほど

5. » ～も ～(れ)ば ～も する

❀ 彼は 勉強も できれば、運動も できます。

❀ 友だちは 歌も 歌えば、ダンスも 上手で、大変な 人気者だ。

❀ 東京は 物価も 高ければ 人口も 多い。

❀ 彼女は 社員としても 真面目ならば 母親としても 立派だ。

연습하기

1. 일본어는 천천히 이야기하면 알아들어요. (日本語、ゆっくり、話す、分かる)

　≫ _____

2. 안경을 쓰면 작은 글씨도 보입니다. (眼鏡、かける、小さい字、見える)

　≫ _____

3. 1에 2를 더하면 3이 됩니다. (足す)

　≫ _____

4. 봄이 오면 꽃이 핍니다. (春、来る、花、咲く)

　≫ _____

5. 친하면 친할수록 예의가 필요하다. (親しい、礼儀、必要だ)

　≫ _____

6. 비가 오면 소풍은 취소하겠습니다. (雨、降る、ピクニック、取り消す)

　≫ _____

7. 일본어는 공부하면 할수록 재미있습니다. (日本語、勉強する、面白い)

　≫ _____

8. 그는 요리도 잘하고 청소도 깨끗이 한다. (彼、料理、できる、掃除)

　≫ _____

9. 방도 좁고 집세도 비싸서 살기 힘들어요. (部屋、狭い、家賃、高い、暮らす)

　≫ _____

10. 자면 잘수록 더 피곤합니다. (寝る、もっと、疲れる)

　≫ _____

「そば」、「よこ」、「となり」의 차이를 가르쳐주세요.

1. 「そば(側)」: 기본적으로는「近く(근처)」의 의미와 같다. 전후좌우 상관없이 쓰이며 밀접해있지 않더라도 사용 가능하다.

    예 Ⓑ   Ⓒ
          Ⓐ
      Ⓓ   Ⓔ

    ⒶのそばにはⒷやⒹ、Ⓔなどがあります。

    デパートは普通、駅のそばにあります。

    彼はいつも彼女のそばにいます。

2. 「よこ(横)」: 가로로 놓여있는 경우, 바로 옆에 붙어있지 않더라도 사용 가능하다.

    예 Ⓐ Ⓑ Ⓒ Ⓓ Ⓔ

    ⒶのよこにはⒷやⒹなどがあります。

    赤ちゃんはお母さんのよこにいます。

    トースターは冷蔵庫のよこにあります。

3. 「となり(隣)」: 가로로 놓여있는 경우, 바로 옆에 붙어있을 경우에 사용 가능하다.
    또한 같은 종류, 같은 계열, 혹은 비슷한 크기, 동격 등의 관계를 나타내는 데에 적합하다.

    예 Ⓐ Ⓑ Ⓒ Ⓓ Ⓔ

    ⒸのとなりにはⒷとⒹがあります。

    一郎は次郎のとなりにいます。

    本屋は薬屋のとなりです。

    トースターは電気炊飯器のとなりにあります。

※ 冷蔵庫の[となり(△)、よこ(○)]にトースターがあります。

    (크기에 차이가 나므로)

9-1

タバコは さっさと 止めろ。

・동사의 명령형

1. 》 1단 동사 어간 + ろ

❀ 早_{はや}く 起_おきろ。

❀ 私_{わたし}の 話_{はなし}を 信_{しん}じろ。

❀ 古_{ふる}い 考_{かんが}え方_{かた}は 捨_すてろ。

❀ タバコは さっさと 止_やめろ。

2. 》 5단 동사 어간 + 어미「エ(e)」음

❀ この 本_{ほん}を 読_よめ。

❀ ここに 座_{すわ}れ。

❀ 正直_{しょうじき}に 言_いえ。

🌸 這えば 立て、立てば 歩めの 親心。

3. 》》 **する→しろ(せよ) / 来る→こい**

🌸 ちゃんと 勉強しろ。

🌸 きれいに 掃除せよ。

🌸 こちらへ 来い。

4. 》》 **～に しろ(せよ)、～に しろ(せよ)**

🌸 両親に しろ、先生に しろ、私の 意見に 反対です。

🌸 旅行に 行くに しろ、行かないに しろ、とにかく 連絡ください。

🌸 勉強に しろ、運動に しろ、自分の 努力が 何より 大事です。

🌸 出席するに せよ、しないに せよ、早く 決めなさい。

연습하기

1. 빨리 일어나. 지각한다. (起きる、遅刻する)

　》 _____

2. 기차 시간에 늦는다. 서둘러라. (汽車、時間、間に合う、急ぐ)

　》 _____

3. 그런 나쁜 장난은 그만둬. (そんな、いたずら、止める)

　》 _____

4. 이쪽으로 천천히 와. (こちら、ゆっくり、来る)

　》 _____

5. 이제 돌아가. (もう、帰る)

　》 _____

6. 달려라, 메로스. (走る、メロス)

　》 _____

7. 잠깐 기다려. (ちょっと、待つ)

　》 _____

8. 친구와 놀기 전에 숙제해. (友だち、遊ぶ、宿題する)

　》 _____

9. 공부든 연애든 최선을 다해라. (勉強、恋愛、最善(or ベスト)を 尽くす)

　》 _____

10. 기다리든 말든 네 마음대로 해. (待つ、勝手だ)

　》 _____

사전에 「今度」의 의미가 '이번'과 '다음'으로 되어 있어 헷갈려요.

1. 아주 최근(가까운 과거)에 일어난 일을 들어 말할 때. 이번

   예 今度の実験はうまくいきました。

   　 彼女が来なかったのは今度に限ったことではない。

2. 몇 번인가 이루어진 일 가운데 현재 이루어지고 있는 일을 들어 말할 때. 이번

   예 今度は君の番だから急いで。

   　 今度、会議の主題は「ゴミ問題」です。

3. 가까운 미래에 일어날 일을 들어 말할 때. 다음

   예 この頃、とても忙しいから、お酒は今度にしましょう。

   　 今度、日本にいくのが楽しみです。

9-2

明日から 早く 起きよう。

・동사의 권유, 의지형

---

1. 》 1단 동사 어간 + よう

🌸 うわ、ピザだ。早く 食べよう。

🌸 明日 早いから 早く 寝よう。

🌸 もう 彼の ことは 忘れよう。

🌸 明日から 早く 起きよう。

2. 》 5단 동사 어간 + 어미 「オ(o)」음 + う

🌸 この お金で 誕生日の プレゼント 買おう。

🌸 まっちゃん、いっしょに 遊ぼう。

🌸 する こと ないし、本でも 読もう。

✿ もう こんな 時間。そろそろ 帰ろう。

3. ≫ する → しよう　くる → こよう

✿ 久しぶりに 掃除しよう。

✿ 暇つぶしに ゲームでも しよう。

✿ 来週、また 遊びに 来よう。

4. ≫ ～(よ)うと 思う

✿ 1年間、日本で ワーキングホリデーしようと 思います。

✿ もう タバコは 止めようと 思います。

✿ 時間が あるか どうか、彼に 聞こうと 思います。

연습하기

1. 일본인 친구와 사귀어야지. (日本人、友だち、付き合う)

» _____

2. 영화 보러 가자. (映画、見る)

» _____

3. 세상에서 제일 맛있는 빵을 만들어야지. (世界、一番、おいしい、パン、作る)

» _____

4. 덥네. 맥주라도 마시자. (暑い、ビール、飲む)

» _____

5. 일본어 공부를 시작하자. (日本語、勉強、始める)

» _____

6. 매일 아침 1시간 정도 운동해야지. (毎朝、運動する)

» _____

7. 다음 주에 일본어능력시험을 보려고 합니다. (来週、日本語能力試験、受ける)

» _____

8. 머리가 아파서 오늘은 일을 쉬려고 합니다. (頭、痛い、今日、休む)

» _____

9. 평소에 물을 많이 마시려고 한다. (日頃、水、飲む)

» _____

10. 친구와 함께 일본여행을 하려고 합니다. (友だち、いっしょに、日本旅行)

» _____

1. 「習う」:배운 대로 연습하고 방법을 익힌다는 뜻. 누군가에게 직접 지도받는다는 의미

가 강하다. ≒ 教わる 기술 중심

예 今日は「習う」と「学ぶ」の違いについて習った。

娘からメールの送り方を習う。

最近、三味線を習っています。 (샤미센 타는 법, 혹은 만드는 법을 배우다)

2. 「勉強する」: 지식을 깊게 하거나 자격을 취득하기 위해 학력이나 능력, 기술 등을 몸에

익히는 일. 결과에 도달할 때까지의 학습, 연구, 훈련의 과정

예 日本語を勉強する(=習う)

バイオリンを勉強するため、フランスへ留学する。

彼は毎日、夜おそくまで勉強している。

3. 「学ぶ」: 체계화된 것을 그대로 자신의 것으로 삼다. 추상적인 것이나 교육과 상관없는

것으로부터 진리나 인생관 등을 체득한다는 경우에도 사용한다. 지식 중심

예 成功だけではなく、失敗からもいろんなことを学ぶ。

国際会議を通じてマナーを学んだ。

三味線について学ぶ。 (샤미센의 구조, 음양, 이론 등에 대하여 배우다)

10-1

映画を 見てから コーヒーを 飲みました。

・동사「て」형

1. ≫ 동사의 て형(音便)

종류	て 형	예문
1단	어미 る+て	見る→見て　起きる→起きて　落ちる→落ちて 食べる→食べて　寝る→寝て　教える→教えて
5단	어미 く、ぐ+いて(で)	書く→書いて　聞く→聞いて　歩く→歩いて 泳ぐ→泳いで　急ぐ→急いで　脱ぐ→脱いで
	어미 う、つ、る+って	買う→買って　言う→言って　使う→使って 立つ→立って　待つ→待って　持つ→持って 降る→降って　走る→走って　知る→知って
	어미 ぬ、む、ぶ +んで	死ぬ→死んで　飲む→飲んで　休む→休んで 読む→読んで　遊ぶ→遊んで　呼ぶ→呼んで
	어미 す+して	話す→話して　試す→試して　目指す→目指して
	※ 예외 行く → 行って	
변격	する → して	運動する→運動して　散歩する→散歩して
	来る → 来て	遊びに 来る→遊びに 来て

2. ≫ ～て、～する

✿ シャワーを 浴びて 昼寝を しました。

✿ 友だちと おしゃべりを して、11時ごろ 寝ました。

✿ テレビを 見て 彼が 俳優だと いう ことを 知った。

✿ 風邪を 引いて 頭が 痛い。

3. ≫ ～てから

✿ 彼とは いっしょに 食事を してから 別れました。

✿ 映画を 見てから コーヒーを 飲みました。

✿ レポートを 書いてから 彼女に 会いました。

✿ 朝、起きて 顔を 洗ってから ご飯を 食べます。

연습하기

1. 그녀를 만나고 나서 그의 사고방식은 변했습니다. (彼女、会う、考え方、変わる)

　≫ _____

2. 집에 돌아가서 목욕을 하고 음악을 들었습니다.

(帰る、お風呂に 入る、音楽、聞く)

　≫ _____

3. 수업이 끝나고 나서 아르바이트를 하러 갑니다. (授業、終わる、バイト)

　≫ _____

4. 준비운동을 하고나서 풀에 들어갑니다. (準備運動、プール、入る)

　≫ _____

5. 친구의 이야기를 듣고 그 휴대폰은 사지 않았습니다.

(友だち、話、ケータイ、買う)

　≫ _____

6. 병원에 간 다음 약국에 가서 감기약을 받았습니다. (病院、薬屋、風邪薬、もらう)

　≫ _____

7. 술 마시고 나서 꼭 밥을 먹는 사람도 있어요. (お酒、飲む、必ず、ご飯、食べる)

　≫ _____

8. 졸업하고 취직하려고 합니다. (卒業、就職)

　≫ _____

9. 시험이 끝나고 친구와 노래방에 갔습니다. (テスト、終わる、友だち、カラオケ)

　≫ _____

10. 도서관에 가서 리포트에 필요한 책을 빌립니다.

(図書館、レポート、必要だ、借りる)

　≫ _____

99

「メモを見ながら話す」와 「メモを見て話す」의 차이는 뭐예요?

1. 「A ～ながら B する」: A와 B가 동시에 이루어진다.

> 예 メモを見ながら話しているので、顔が見えない。
>
> 笑いながらこちらへ来る人、誰？
>
> 彼は音楽を聞きながら勉強する。
>
> 本を読みながら食べるのはマナーとしてはよくない。

2. 「A ～て B する」: A는 B가 이루어지는 모양이나 상태, 수단 등을 나타낸다.

> 예 メモを見て話すのはいいですが、読むのは止めてください。
>
> 音楽のイントロを聞いて、曲名を当てる。
>
> 日本人は茶碗を手に持ってご飯を食べます。
>
> フランス料理の食べ方が分からないので、本を読んで習っています。

※ 행위자가 동일하지 않을 경우.

> 예 田中さんは遅くまで勉強しながら、山田さんは遅くまでテレビを見ている。(×)
>
> 田中さんは遅くまで勉強して、山田さんは遅くまでテレビを見ている。(○)

10-2

片思いを した ことが ありますか。

・동사「た」형

1. 》「た」형

종류	た 형	예문
1단	어미 る+た	見る→見た　起きる→起きた　落ちる→落ちた 食べる→食べた　寝る→寝た　教える→教えた
5단	어미 く、ぐ+いた(だ)	書く→書いた　聞く→聞いた　歩く→歩いた 泳ぐ→泳いだ　急ぐ→急いだ　脱ぐ→脱いだ
	어미 う、つ、る+った	買う→買った　言う→言った　使う→使った 立つ→立った　待つ→待った　持つ→持った 降る→降った　走る→走った　知る→知った
	어미 ぬ、む、ぶ+んだ	死ぬ→死んだ　飲む→飲んだ　休む→休んだ 読む→読んだ　遊ぶ→遊んだ　呼ぶ→呼んだ
	어미 す+した	話す→話した　試す→試した　目指す→目指した
	※ 예외 行く → 行った	
변격	する → した	運動する→運動した　散歩する→散歩した
	来る → 来た	遊びに 来る→遊びに 来た

2. 》》 ～た 後

🌸 食事を した 後、必ず 歯を 磨く。

🌸 ご飯を 食べた 後、散歩に 出かけました。

🌸 卵と ミルクを 混ぜた 後、砂糖を 入れる。

3 》》 ～た ことが ある

🌸 バイトで 家庭教師を した ことが ある。

🌸 片思いを した ことが ありますか。

🌸 まだ 日本へ 行った ことが ありません。

4. 》》 ～たり、～たり

🌸 休みの 日は 映画を 見たり、買い物を したり します。

🌸 ここは 子どもが 本を 読んだり、勉強したり する 部屋です。

🌸 カラオケで 歌ったり 踊ったり しながら 楽しい 時間を 過ごした。

🌸 天気が 寒かったり 暑かったりで、着る 物に 苦労します。

연습하기

1. 어릴 때, 이 동네에서 산 적이 있다. (小さい、頃 or 時、町、暮らす or 住む)

　　》 _____

2. 헤어진 후에도 그를 잊은 적은 없습니다. (別れる、彼、忘れる)

　　》 _____

3. 고등학교 때, 일본어를 배운 적이 있습니다. (高校時代、日本語、習う)

　　》 _____

4. 청소를 한 후 낮잠을 잤다. (掃除を する、昼寝を する)

　　》 _____

5. 일본어 능력시험을 본적이 있습니까? (日本語能力試験、受ける)

　　》 _____

6. 엄마에게만 알리고 혼자 여행을 떠났다. (母、知らせる、旅に 出る)

　　》 _____

7. 아이들은 싸우기도 하고 화해하기도 하면서 친해진다. (ケンカする、仲直りする)

　　》 _____

8. 한가할 때는 책을 읽거나 음악을 듣거나 합니다. (暇だ、本、読む、音楽、聞く)

　　》 _____

9. 동생은 공부를 하는 둥 마는 둥, 제멋대로 행동합니다. (弟、自分勝手だ、行動)

　　》 _____

10. 술을 마신 다음 날은 머리가 아프거나 배탈이 나거나 합니다. (翌日、お腹を 壊す)

　　》 _____

「東京タワーへ行きましたか」와「東京タワーへ行ったことがありますか」의
의미차이를 가르쳐 주세요?

1. 과거의 한 시점에 관한 질문인 경우

　예 A: あの時、東京タワーへ行きましたか。 (3년 전 이야기)

　　 B: はい、行きました。 / いいえ、行きませんでした。 (안 갔어요)

2. 현재까지 완료를 묻는 질문인 경우

　예 A: (もう)東京タワーへ行きましたか。 (간 적이 있을 수도 있다고 예상되는 경우)

　　 B: はい、行きました。 / いいえ、まだ行っていません。 (아직, 못 갔어요)

3. 현재까지 경험한 것을 묻는 경우

　예 A: 東京タワーへ行ったことがありますか。

　　 B: はい、行ったことがあります。 / いいえ、行ったことがありません。

　　 (못 가봤어요)

※「～たことがある」는 '어느 정도 예상되는 일' 이라는 제한이 없으므로 불가능한 일에
도 자유로이 사용할 수 있다.

　예 あなたは神様に会ったことがありますか。 (○)

　　 あなたは神様に会いましたか。 (?)

11-1

窓を 開けても いいですか。

・허가 표현

1. ≫ 명사 / 형용동사 어간 ＋ でも いい(かまわない、大丈夫{だいじょうぶ}だ)

🌸 A: お飲{の}み物{もの}、コーヒーでも いいですか。

　B: はい、コーヒーください。

🌸 名前{なまえ}を 書{か}くのは 鉛筆{えんぴつ}でも かまわない。

🌸 日本語{にほんご}が 下手{へた}でも 大丈夫{だいじょうぶ}です。誰{だれ}でも 参加{さんか}できます。

🌸 家賃{やちん}が 安{やす}ければ 交通{こうつう}が ちょっと 不便{ふべん}でも いい。

2. ≫ 형용사 어간 ＋ くても いい(かまわない、大丈夫{だいじょうぶ}だ)

🌸 部屋{へや}は すこし 狭{せま}くても いいです。

🌸 夜遅{よるおそ}くても 大丈夫{だいじょうぶ}です。いつでも お電話{でんわ} ください。

105

❀ 顔が 美しくなくても かまいません。心が 大事です。

❀ 結婚相手は 背が 高くなくても いいです。

3. ≫ **동사 て형＋も いい(かまわない, 大丈夫だ)**

❀ 答えは 鉛筆で 書いても いいです。

❀ 宿題が なければ 遊んでも かまいません。

❀ ちょっと 窓を 開けても いいですか。

❀ この ノートパソコンを 使っても 大丈夫です。

연습하기

1. 파티에 친구를 데려가도 괜찮습니까? (パーティー、友だち、つれていく)

　》 _____

2. 아직 시간은 충분해요. 서두르지 않아도 됩니다. (時間、十分だ、急ぐ)

　》 _____

3. 이곳에 주차해도 되나요? (駐車 or 車を 止める)

　》 _____

4. 비싼 선물이 아니라도 괜찮아요. (高い、プレゼント)

　》 _____

5. 내키지 않으면 그를 만나지 않아도 됩니다. (気が 進む、彼、会う)

　》 _____

6. 도장 대신에 사인해도 상관없어요. (はんこ、代りに、サイン)

　》 _____

7. 먼저 돌아가도 괜찮겠습니까? (先に、帰る)

　》 _____

8. 성적이 좋지 않아도 괜찮아요. (成績、よい)

　》 _____

9. 시험을 치룰 때, 사전을 찾아봐도 됩니다. (試験を 受ける、辞書を 引く)

　》 _____

10. 텔레비전을 꺼도 괜찮겠어요? (テレビ、消す)

　》 _____

잠깐 공부하기

「結構」의 뜻을 정리 해주세요.

1. 바람직하고 좋은 모양. ≒ すばらしい、見事 (Wonderful)

> 예 先日はけっこうな物をありがとうございました。
>
> A: 料理の味はいかがでしょうか。
>
> B: けっこうです。

2. 만족, 혹은 승낙(No problem)

> 예 (医者)もう退院してけっこうです。
>
> A: これでよいでしょうか。
>
> B: ええ、けっこうですね。
>
> A: あの、ちょっと窓を開けてもいいですか。
>
> B: けっこうですよ。

3. 제안 등에 대한 거절, 필요 없음 (No thank you)

> 예 A: もう少しいかがですか。
>
> B: いえ、もうけっこうです。
>
> A: 駅まで送りましょうか。
>
> B: けっこうです。一人で行けますから。

4. (예상보다) 꽤, 상당히 ≒ かなり、なかなか(Quite)

> 예 父が作った料理はけっこうおいしい。
>
> こんな小さい子でもけっこう役に立つんですよ。
>
> 彼は最近、けっこう忙しいみたいね。

11-2

ここで タバコを 吸っては ならない。

・금지 표현

1. ≫ 명사 / 형용동사 어간 + では いけない(ならない, だめだ)

❀ 日本語が 下手では いけない。

❀ 作文は 簡単では ならない。

❀ 交通が 不便では いけません。

❀ 答えは 鉛筆では だめです。

2. ≫ 형용사 어간 + くては いけない(ならない, だめだ)

❀ 映画が つまらなくては いけません。

❀ 駅から 遠くても 部屋は 狭くては いけない。

❀ 朝、遅くては ならない。早く 来てね。

❀ 教室は 汚くては だめです。

3. 》 동사 て형＋は いけない(ならない, だめだ)

❀ ここで タバコを 吸っては ならない。

❀ 風邪の 時、お酒を 飲んでは いけません。

❀ 赤い ボールペンで 名前を 書いては だめです。

❀ 芝生に 入っては なりません。

4. 》 ～なければ ならない(いけない)

❀ ビールは 冷たくなければ いけない。

❀ 学生は 何より 真面目でなければ なりません。

❀ 公務員は 親切でなければ なりません。

❀ 何が あっても 約束は 守らなければ ならない。

연습하기

1. 거짓말을 해서는 안 됩니다. (うそを つくor 言う)

　》 _____

2. 다른 사람에게 폐를 끼쳐서는 안 됩니다. (人、迷惑を かける)

　》 _____

3. 하루 종일 놀아서는 안 된다. (一日中、遊ぶ)

　》 _____

4. 선물은 비싸면 안 됩니다. (プレゼント、高い)

　》 _____

5. 약한 사람을 괴롭혀서는 안 됩니다. (弱者、いじめる)

　》 _____

6. 요리사가 요리를 못하면 안 됩니다. (シェフ、下手だ)

　》 _____

7. 여권 사진은 작으면 안 됩니다. (パスポート、写真、小さい)

　》 _____

8. 학생은 열심히 공부해야만 합니다. (いっしょうけんめい or 熱心に、勉強する)

　》 _____

9. 수업 중에는 휴대폰의 전원을 꺼놓아야만 합니다. (授業中、ケータイ、電源、消す)

　》 _____

10. 늦으면 반드시 부모에게 전화를 해야만 합니다. (遅れる、必ず、親)

　》 _____

잠깐 공부하기

「~んです」는 어떤 경우에 많이 쓰는지 궁금해요.

1. 의문문일 경우

1) 「暑いですか」는 상대가 더운지 어떤지에 대해 전혀 모르는 상태에서 묻는 경우인데 비해, 「暑いんですか」는 상대가 겉옷을 벗는다거나 창을 열거나 하는 모습을 보면서 그 이유를 짐작해서 상대에게 확인하는 경우이다.

2) 「大学へ行きますか」는 상대에 관한 정보를 모르는 상태에서 묻는 경우이며, 「大学へ行くんですか」는 상대가 수험공부를 하거나 대학 안내서를 읽고 있는 모습을 보면서 자신의 추측을 상대에게 확인하기 위해 질문하는 경우이다.

3) 「昨日は何をしましたか」는 단순히 어제 어떻게 지냈는지에 대한 질문, 「昨日は何をしたんですか」 상대가 피곤해보이거나 여느 때와 다르다고 느꼈을 때 할 수 있는 질문이다. 즉, 무언가 질문의 전제가 되는 상태나 상황이 있고 그에 대해 이유를 알고 싶거나 구체적인 흥미 등을 가지고 질문할 경우 「~んですか」를 사용한다.

2. 평서문일 경우.

1) 회화 앞머리에 「~んです」는 이제부터 이야기를 하고 싶은 기분을 표현한다.
   예 A: 昨日、新宿へ行ったんです。

   B: そう。(それで?)

   A: そしたら、ばったりと木村に会ったんです。彼、ある女性といっしょで…

2) 자신의 기분, 심정 등을 이해받거나 설명하고 싶은 기분을 강하게 어필한다.
   예 朝から頭が痛いんです。

   食欲がないんです。

   A: どうして遅くなったんですか。

   B: 電車の事故があったんです。

12-1

今日は 風邪で 学校を 休みました。

・원인, 이유 표현(1)

1. ≫ 명사 / 형용동사 어간＋で

- 今日は 風邪で 学校を 休みました。
- 大雪で 電車が ぴたっと 止まりました。
- あの 人は 真面目で 欠席した ことが ない。
- この 部屋は 静かで いいですね。

2. ≫ 형용사 어간＋くて

- 駅から 近くて 家賃が 高いです。
- スチロフは 軽くて 水に 浮きます。
- 漢字は 難しくて 覚えるのに けっこう 時間が かかる。

113

❀ 今年の 夏は むし暑くて 勉強が できませんでした。

3. ≫ 동사의 て형

❀ ミルクは 午前中に 全部 売れて 残りは ありません。

❀ 難しい テストだったが、合格できて よかったと 思います。

❀ 友だちとの 約束を うっかりしてしまって 大変でした。

❀ いっしょうけんめい 勉強しようと 思って 毎日 図書館に 通った。

◉ 조사 「で」의 쓰임

의미	예문
①～에서(장소)	運動場で 学生たちが サッカーを している。
②～로(수단)	学校までは バスで 行きます。
③～해서(원인)	日本語が 好きで 日本語の 先生に なりました。
④～이고(열거)	彼は 真面目で、やさしい 学生です。
⑤～에(한도, 범위)	これ、全部で いくらですか。

연습하기

1. 그는 암으로 5년간 투병하였습니다. (癌、闘病する)

　　》 _____

2. 교통사고로 현재 4km 정체입니다. (交通事故、現在、渋滞)

　　》 _____

3. 그 코트는 너무 비싸서 포기하였다. (コート、高すぎる、諦める)

　　》 _____

4. 선생님은 상냥해서 모두에게 인기가 있습니다. (先生、やさしい、人気)

　　》 _____

5. 유명해서 오히려 불편한 점은 없습니까? (有名だ、かえって、不便だ、ところ)

　　》 _____

6. 이 빵은 맛있어서 자주 사러옵니다. (パン、おいしい、よく、買う)

　　》 _____

7. 두부는 콩으로 만듭니다. (豆腐、豆、作る)

　　》 _____

8. 모처럼 모두 함께 공원으로 산책하러 가지 않을래요? (久しぶりに、公園、散歩)

　　》 _____

9. 요즈음 감기는 좀처럼 낫지 않아서 큰 일이예요. (風邪、なかなか、治る)

　　》 _____

10. 지진 때문에 일본으로 여행하는 사람이 줄었습니다. (地震、旅行する、減る(5단))

　　》 _____

115

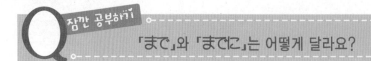

「まで」와 「までに」는 어떻게 달라요?

1. 「まで」: 일정 시간 동안 상황이 지속, 혹은 계속되는 경우

   예 朝<small>あさ</small>から晩<small>ばん</small>まで熱心<small>ねっしん</small>に働<small>はたら</small>く。

   私<small>わたし</small>が帰<small>かえ</small>るまでここで待<small>ま</small>ってください。

   卒業<small>そつぎょう</small>するまでずっとバイトしなければなりません。

2. 「までに」: 일정 시간 안에 상황이 완료되는 경우

   예 お母<small>かあ</small>さんが帰<small>かえ</small>るまでに、掃除<small>そうじ</small>をしておかなければならない。

   明日<small>あした</small>までに本<small>ほん</small>を返<small>かえ</small>してください。

   私<small>わたし</small>が帰<small>かえ</small>るまでに宿題<small>しゅくだい</small>を済<small>す</small>ませてね。

12-2

コーヒーは 熱いので ご注意ください。

・원인, 이유 표현(2)

1. 》》から : 주관적 행위에 대한 이유

❀ 暑いから 窓を 開けましょう。

❀ この パンは 母が 好きだから よく 買いに 来ます。

❀ おいしい ケーキだから 子供が たくさん 食べる。

❀ 午後、雨が 降るかもしれないから 傘を 持って 出かけてね。

2. 》》ので : 객관적 이유. 정중한 의뢰나 허가를 구하는 문장에 어울린다.

❀ コーヒーは 熱いので ご注意ください。

❀ バスより 便利なので よく 地下鉄を 利用しています。

❀ 電車が 遅れたので 遅刻しました。

❀ すみません。用事が あるので 先に 失礼します。

※ 문장 끝에는 「から」만 쓰인다.

❀ お昼を 食べないのは おなかが 痛い{から(○) / ので(×)}です。

3. ≫ ため(に)

1) ~ 때문에

❀ 雨の ため、試合は 中止に なりました。

❀ この 魚は 新鮮な ために 値段が 高いです。

❀ 明日 試験が あるため、みんな 熱心に 勉強しています。

※ 부정적인 의미로 사용될 경우는 「せいで」

❀ あなたの {ために(△) / せいで(○)} あの 二人は 別れました。

2) ~을 위하여

❀ あなたの ために 料理を 作ったのですけど。

❀ 結婚する ための お金を 親から もらうのは 恥ずかしい ことだ。

❀ 学園祭の 練習の ために 広い 場所が 必要です。

연습하기

1. 일본인과 자유롭게 이야기하기 위하여 일본어를 배운다. (自由、話し合う、習う)

　　» _____

2. 그녀는 아름다운 탓에 오히려 불행해졌습니다. (彼女、きれいだ、かえって、不幸)

　　» _____

3. 스위스제 시계라서 매우 비쌉니다. (スイス製、時計、とても、高い)

　　» _____

4. 눈이 나쁘기 때문에 안경을 씁니다. (目、悪い、眼鏡を かける)

　　» _____

5. 어젯밤 과음해서 아직도 머리가 아파요. (夕べ、飲みすぎる、頭、痛い)

　　» _____

6. 좋아하니까 매일 만나는 건 당연하다고 생각합니다. (毎日、会う、当たり前)

　　» _____

7. 지금은 바쁘니까 다음에 만나지요. (忙しい、今度、会う)

　　» _____

8. 나라를 위해서 희생한 분들을 기억합시다. (国、犠牲する、方々、覚える)

　　» _____

9. 혼자 사니까 돈 때문에 곤란한 일은 별로 없습니다.

　　　　　　　　　　　　　　(一人暮らし、お金、困る、別に)

　　» _____

10 모두가 기다리고 있으니 서둘러 나와 주세요. (みんな、待つ、急ぐ、出る)

　　» _____

「風邪_{かぜ}をひかないように」와 「風邪_{かぜ}をひかないために」는
어떻게 다른가요?

1. 「～ために」: '～을 위해서'의 의미.

   긍정적이고 목적 지향적이기 때문에 보통 동사의 현재 긍정에 접속한다.

   예 成功_{せいこう}するために努力_{どりょく}する。

   日本語_{にほんご}が上手_{じょうず}になるために、いっしょうけんめい勉強_{べんきょう}する。

   お金_{かね}をためるためにバイトをする。

2. 「～ないように」: '～하지 않도록'의 의미. 목적보다는 방어, 혹은 예방의 뜻을 나타낸다.

   예 失敗_{しっぱい}しないように慎重_{しんちょう}に行動_{こうどう}する。

   試合_{しあい}で負_まけないように神様_{かみさま}に祈_{いの}る。

   風邪_{かぜ}をひかないように果物_{くだもの}をたくさん食_たべる。

※ 목적 지향일 경우는 「～ないために」, 방어 지향일 경우는 「～ないように」

   太_{ふと}らないためにエアロビクスをする。/ 太_{ふと}らないように甘_{あま}い物_{もの}を控_{ひか}える。

   忘_{わす}れないために繰_くり返_{かえ}し練習_{れんしゅう}する。/ 忘_{わす}れないようにメモする。

   風邪_{かぜ}をひかないために(ジョギングをして体_{からだ}を鍛_{きた}える。/

   栄養_{えいよう}のあるものを食_たべて体力_{たいりょく}をつける)

   風邪_{かぜ}をひかないように(厚_{あつ}いセーターを着_きる/

   マスクをする/

   家_{いえ}に帰_{かえ}ったら必_{かなら}ず手_てを洗_{あら}う)

13-1

部屋の 窓が 開いています。

・ 진행과 상태(1)

1. ≫ (〜が) 자동사 て형＋いる : 단순 상태

🌸 ホテルの 前に 車が 止まっている。

🌸 大勢の 人が 集まっていますね。何か あったんですか。

🌸 部屋の 窓が 開いています。

🌸 教室に 電気が ついています。

🌸 あの 建物の 前に 石井さんが 立っている。

🌸 引き出しに 彼から もらった 手紙が 入っている。

2. ≫ (〜を) 타동사의 て형＋いる : 동작의 진행

🌸 ホテルの 前に 車を 止めている。

❀ 大勢の 人を 集めていますね。これから 何か あるんですか。

❀ 風が 強いのに 妹は 窓を 開けています。

❀ 学生が 授業の 前に 教室の 電気を つけています。

❀ あの 建物の 前に 看板を 立てている。

❀ 引き出しに 彼から もらった 手紙を 入れている。

※ 자/타동사 주요 단어

자동사	타동사	자동사	타동사
止まる	止める	入る	入れる
閉まる	閉める	立つ	立てる
集まる	集める	出る	出す
決まる	決める	並ぶ	並べる
開く	開ける	起きる	起こす
落ちる	落とす	上がる	上げる
かかる	かける	下がる	下げる
始まる	始める	終わる	終える
散る	散らす	返る	返す
照る	照らす	付く	付ける

연습하기

1. 문에 자물쇠가 잠겨 있네요. (ドア、鍵、かかる)

   ≫ _____

2. 지금 그는 그녀에게 전화를 걸고 있습니다. (彼、彼女、電話を かける)

   ≫ _____

3. 하나코는 학교에 가 있습니다. (学校、行く)

   ≫ _____

4. 선생님과 이야기하고 있는 학생은 누구예요? (話す)

   ≫ _____

5. 나는 기무라씨에게 한국어를 가르치고 있습니다. (韓国語、教える)

   ≫ _____

6. 형은 은행에 근무하고 있습니다. (兄、銀行、勤める)

   ≫ _____

7. 역 앞에 높은 빌딩이 서 있습니다. (駅前、ビル、建つ)

   ≫ _____

8. 기숙사의 통금은 12시로 정해져있습니다. (寮、門限、決まる)

   ≫ _____

9. 그녀는 10년이나 일기를 쓰고 있습니다. (日記)

   ≫ _____

10. 그는 벌써 와 있어. 너도 빨리 와. (来る)

   ≫ _____

「見ませんでした」,「まだ見ていません」,「まだ見ません」은
어떻게 다른가요?

1. 영화 상영이 끝났을 경우

예 A: あの映画、ずいぶん話題になったけど、見ましたか。

B: いいえ、見ませんでした。(못 봤어요)

2. 영화가 아직 상영 중일 경우

예 A: あの映画、ずいぶん話題になっているけど、見ましたか。

B: ①いいえ、見ません。(안 볼 거예요) ホラー映画は好きじゃないんです。

②いいえ、まだ見ません。(아직 안 볼래요)

もう少しすいてから見ようと思っています。

※「食べませんでした」,「食べていません」,「食べません」

예 A: ひるご飯、食べましたか。(오후 1시 쯤)

B: ①いいえ、まだ食べていません。(○ 아직 못 먹었어요)

②いいえ、食べませんでした。(?← 점심을 걸렀어요)

③いいえ、食べません。(안 먹어요) ダイエット中ですから。

13-2

かべに　日本の　地図が　はってある。

・ 진행과 상태(2)

1. 》 (～が) 타동사의 て형＋ある : 동작의 주체가 암시된 상태 표현

🌸 ホテルの　前に　車が　止めてある。

🌸 大勢の　人が　集めてありますね。だれが　人々を　集めたんですか。

🌸 風が　強いのに　窓が　開けてあります。

🌸 手紙には「さよなら」と　書いてありました。

🌸 かべに　日本の　地図が　はってある。

🌸 テーブルの　上に　会議の　書類が　置いてあった。

2. 》 ～している

🌸 アニメの　キャラクターは　丸い　顔を　して、大きい　目を　している。

❀ この ラーメンは さっぱりと しています。

❀ あなたの 部屋は いつも きちんと していますね。

3. ≫「〜て いる」の 해석

❀ あそこの 黒い めがねを かけている 人は 誰ですか。(상태)

❀ 今、あそこで 黒い めがねを かけている 人は 誰ですか。(진행)

❀ ミナさんは 今日、赤い セータを 着ています。(상태)

❀ ミナさんは となりの 部屋で 赤い セータを 着ています。(진행)

❀ 庭に 落ち葉が 落ちている。(상태)

❀ (窓際に 立って 外を 見ながら) あっ、落ち葉が 落ちている！(진행)

4. ≫「〜て いる」형태로만 쓰이는 동사

似る、優れる、愛する、結婚する、聳える 등

❀ この 子は 父親に 似ています。

❀ 彼女の 日本語の 実力は クラスの 中で 一番 優れている。

❀ 私の 弟は 結婚しています。

❀ あなたは 彼のことを 愛していますか。

❀ 山々が きれいに 聳えて いる。

연습하기

1. 문에 자물쇠가 잠겨 있네요. (ドア、鍵、かける)

　» _____

2. 벽에 그녀가 그린 그림이 붙어 있습니다. (壁、絵、はる)

　» _____

3. 테이블 위에 케이크가 놓여있네. (テーブル、置く)

　» _____

4. 청과물 가게에 과일이 진열되어있다. (八百屋、果物、並べる)

　» _____

5. 그는 학급 대표로 스피치를 했는데, 무척 당당했다.

　　　　　　　　　　　　　(クラス、代表、スピーチ、堂々と)

　» _____

6. 바닥에 양탄자가 깔려있었다. (床、カーペット、敷く)

　» _____

7. 나는 외모는 아빠를 닮았지만 성격은 엄마를 많이 닮았다. (外見、似る、性格)

　» _____

8. 길가에서 새끼 고양이를 주워 키우고 있습니다. (道ばた、子猫、拾う、飼う)

　» _____

9. 친구는 무엇보다도 그림 실력이 뛰어납니다. (絵の 才能、優れる)

　» _____

10. 지금 현관 입구로 들어가고 있는 사람이 다나카 선생님입니다. (玄関、入口、入る)

　» _____

Ｑ 잠깐 공부하기

「結婚しませんでした」,「結婚していません」,「結婚しません」
은 어떻게 다른가요?

1. 과거의 어느 시점에 초점을 맞춘 경우

예 A: 彼女は結婚しましたか。(그녀는 (그 당시) 기혼이었나요?)

B: ええ、結婚しました。

　　いいえ、結婚しませんでした。

2. 현재 상태를 묻는 경우

예 A: 彼女は結婚しましたか。(그녀는 기혼입니까?)

B: ええ、結婚しています。

① いいえ、まだ結婚していません。(미혼이에요)

② いいえ、結婚しません。(독신주의예요)

14-1

毎日 1時間ぐらい 運動するつもりです。

・계획, 결정

---

1. 》 명사＋に する

☘ A: お飲み物は どう なさいますか。

B: コーヒーに します。

☘ A: リカの結婚式、着物で 行く? ドレスで 行く?

B: そうねえ。私、ドレスに しようと 思っているんだけど。

2. 》 동사＋つもり

☘ 毎日、 1時間ぐらい 運動するつもりです。

☘ 勉強の ために 電子辞典を 買うつもりです。

☘ 電子辞典は 高いので、私は 買わないつもりです。

❀ 僕も 紙の 辞書が あるから、電子辞典を 買うつもりは ありません。

3. 》 동사＋ことに する

❀ 明日、出発することに したんです。

❀ 冬休みに 日本へ 行くことに しましょう。

❀ 彼とは もう 二度と 会わないことに しました。

❀ タバコは 吸わないことに した。

4. 》 동사＋ことに なる

❀ 来年、日本へ 留学することに なりました。

❀ あの 二人は いよいよ 結婚することに なった。

❀ たぶん その 計画は 取り消すことに なると 思う。

❀ 彼が 否定すれば あの 二人は 全然 会わなかったことに なる。

※ 동사 「た」형+つもり: 실제로는 그렇지 않으나 그렇게 된 것으로 가정한다
는 의미 '～한 셈치고'

❀ 旅行に 行ったつもりで お金を 貯金した。

❀ 残念ですが、映画は 見たつもりで 帰りましょう。

연습하기

1. 올 가을에 그녀와 결혼하게 되었습니다. (今年、秋、彼女、結婚する)

　　»　_____

2. 아직 시간이 있으니까 좀 더 기다려볼 생각입니다. (まだ、もう少し、待つ)

　　»　_____

3. 졸업해도 선생님께 연락할 생각이다. (卒業する、連絡する)

　　»　_____

4. 비가 와서 소풍은 연기하게 되었습니다. (ピクニック or 遠足、延期する)

　　»　_____

5. 예산이 부족해서 그 공사는 하지 않기로 했습니다. (予算、足りない、工事)

　　»　_____

6. 그는 아직 담배를 끊을 생각이 없다. (彼、まだ、タバコを 止める)

　　»　_____

7. 매일 일기를 쓰기로 했습니다. (毎日、日記を つける or 書く)

　　»　_____

8. 잃어버린 셈 치고 그에게 돈을 빌려주었다. (無くす、お金を 貸す)

　　»　_____

9. 저는 라면으로 하겠습니다. (ラーメン)

　　»　_____

10. 이윽고 두 사람은 화해하기로 했습니다. (やがて、仲直りする)

　　»　_____

1. 「必ず」: 반드시, 꼭이라는 의미로 긍정문으로 끝난다.

   예 A: 彼、来るかな。

   B: 約束したから、必ず来ると思います。

   今度こそ必ず成功してみせます。

   あなたと会う時は必ず雨が降る。雨男ね。

2. 「必ずしも」: '반드시~인건 아니다'의 의미로 부정문을 수반한다.

   예 お金持ちだからと言って、必ずしも幸せだとは言えない。

   努力したとはいえ、必ずしも成功するとは限らない。

   高いものが必ずしも品質がいいとは思いません。

14-2

作文の テストは 難しいかもしれない。

・추측, 단정

1. ≫ ～だろう / ～でしょう

❀ たぶん 明日は 雪でしょう。

❀ おそらく 彼女は 美しいでしょう。

❀ 約束したから、彼は きっと 来るだろうと 思います。

❀ A: この 服、どう?

　B: ちょっと、今の 流行じゃないだろうと 思うんだけどな。

2. ≫ ～に ちがいない

❀ こんな ことを したのは あの 人に ちがいない。

❀ 彼女は 声が きれいだから 歌も 上手に 違いない。

❀ 彼は 人が いいから、きっと 顔が 広いに 違いありません。

❀ おいしい ものは 弟が 全部 食べたに ちがいない。

3. ≫ ～かもしれない

❀ 明日は 雪が 降るかも しれません。

❀ 作文の テストは 難しいかも知れません。

❀ もしかすると 彼は あなたの ことが 好きかも知れない。

❀ 彼の 話は 本当かもしれないし、本当じゃないかもしれない。

4. ≫ はず

❀ 専門の 料理人が 作ったんだから おいしいはずです。

❀ 田中は 来ないはずだよ。たしか 出張だと 言っていたから。

❀ 妹は もう 家に 着いたはずですが、まだ 連絡が ありません。

❀ 彼女が 図書館で 勉強しているはずが ない。

연습하기

1. 올 겨울은 굉장히 추울 것이다. (今年、冬、寒い)

   » _____

2. 오늘은 금요일이니까 신촌은 무척 떠들썩하겠지. (金曜日、新村、賑やかだ)

   » _____

3. 그녀가 그 사실을 알고 있을 리가 없습니다. (事実、知る)

   » _____

4. 불이 켜져 있네. 방안에 누군가 있을지 몰라. (電気、つく、部屋、誰)

   » _____

5. 발음으로 보아 그는 분명 일본에서 산 적이 있음이 틀림없어. (発音、きっと、住む)

   » _____

6. 벌써 돌아왔을 텐데 동생의 모습이 보이지 않습니다. (もう、帰る、妹、姿、見える)

   » _____

7. 이런 장난을 치는 사람은 아마도 그 녀석일 거야. (いたずらを する、たぶん、あいつ)

   » _____

8. 거짓말을 하면 엄마는 분명히 화를 내겠지. (うそを つく or 言う、怒る)

   » _____

9. 아마 그는 나를 만나러 이곳으로 올 겁니다. (おそらく or たぶん、彼、会う、来る)

   » _____

10. 아마 다른 사람임에 틀림없어요. 그가 그녀에게 프러포즈를 할 리가 없습니다.

   (他の 人、プロポーズする)

   » _____

「~かもしれない」와「~と思う」의 차이에 대해서 가르쳐주세요.

1. 「~かもしれない」: 어느 사태의 실현, 혹은 비실현의 가능성을 나타낸다.

   예 忙しいので、明日は来ないかもしれません。

   だれから電話がかかってきたのだろう。田中さんかもしれない。

   今夜はひどく冷えるな。明日は雪かもしれないよ。

2. 「~と思う」: 모든 가능성을 종합하여 논리적으로 도출된 결과를 추측하여 대답하는

   경우에 사용된다.

   예 飛行機のチケットから見て、田中さんは日本へ帰ると思います。

   今までずっと彼がトップだったから、今回もトップは彼だと思う。

   A: 彼はパーティーに来るでしょうか。

   B: 来ないかもしれません。

   C: いや、約束したから、たぶん来ると思います。

15-1

将来、先生に なりたいです。

- 희망 표현(1)

1. 》》 (～が) 동사「ます」형 ＋ たい : (내가)～하고 싶다

- ホット コーヒーが 飲みたい。
- 私は 将来、先生に なりたいです。
- 一日でも 早く 彼に 会いたかった。
- おなかが いっぱいなので、今は 何も 食べたくない。

2. 》》 (～が) 명사 ＋「ほしい」: (내가)～을 원하다

- さびしいので 友だちが ほしい。
- 自動で 掃除する ロボットが ほしい。
- 今 一番 ほしいのは かっこいい スニーカーです。

✿ 毎日忙しいので、ゆっくり 休む 時間が ほしいです。

3. ≫ (〜が) 동사「ます」형＋たいと 思う : (내가)〜하고 싶다

✿ 今度こそ、必ず JLPTに 挑戦したい 思う。

✿ 日本専門の 旅行会社で 働きたいと 思います。

✿ 卒業後、日本で 仕事を 見つけたいと 思っている。

✿ つまらない テレビ番組は みんな 見たくないと 思う。

4. ≫ 동사「ない」형＋かなあ : 〜하지 않나(하면 좋을 텐데)

✿ A: バス、なかなか 来ないね。

　 B: ほんとう、遅刻しちゃうよ。早く 来ないかなあ。

✿ アルバイト したいなあ。いい 仕事が 見つからないかな。

✿ ああ、宝くじ 1億円、当たらないかなあ。

연습하기

1. 오늘은 집에서 TV라도 보면서 쉬고 싶다. (見る、休む)

≫ _____

2. 올해는 마라톤에 도전해 보고 싶어요. (今年、マラソン、チャレンジする)

≫ _____

3. 지금 저는 당신의 응원이 필요해요. (応援、ほしい)

≫ _____

4. 내년에 일본으로 유학 가고 싶어요. (来年、留学する)

≫ _____

5. 비 안 오려나(왔으면 좋겠네). (雨、降る)

≫ _____

6. 좋은 사람, 만나고 싶어. (出逢う)

≫ _____

7. 저는 공무원이 되고 싶습니다. (公務員)

≫ _____

8. 일본어 작문에서 좋은 성적을 따고 싶습니다. (成績、取る)

≫ _____

9. 그에게 내 마음을 전하고 싶었습니다. (彼、心、伝える)

≫ _____

10. 지금 뭐가 제일 갖고 싶어요? (今、何、一番)

≫ _____

Q 잠깐 공부하기
「コーヒが飲みたい」와「コーヒを飲みたい」의 차이는 뭐예요?

1. 1인칭 희망 표현「~たい」의 대상을 나타낼 때, 조사「が」대신「を」를 쓰는 경우
   1) '명사+を+동사'의 결합이 강하여 숙어로 쓰일 때
      예 今日こそ彼に電話をかけたい。

      今、掃除をしたい。

      ※ 新幹線に乗りたい。彼に会いたい。 등

   2) 대상이 사람일 경우
      예 今度のパーティーに花子さんを呼びたい。

   3) 복합표현일 때
      예 あの有名なカフェのコーヒーを飲んでみたい。

      みんなが来る前に、サンドイッチを食べてしまいたい。

   4) 대상이 되는 명사와「~たい」가 떨어져있을 때
      예 カフェでコーヒーを学校の友だちと飲みたい。

2. 다른 것이 아니라 바로 '그것'을 원한다는 의미일 때,「が」를 쓰는 데에 비해 대상을 특정 짓지 않을 때는「を」를 쓴다.
   예 A: トム・クルーズの映画のチケット、ありませんか。

   B: 売り切れです。リチャード・ギアのチケットならありますが。

   A: 私は、トム・クルーズの映画が見たいんです。

   A: 今日、何をしましょうか。

   B: 久しぶりに映画を見たいと思っているんですけど。

15-2

子どもは 甘い ものを 食べたがる。

・ 희망 표현(2)

---

1. ≫ 동사의 ます형＋たがる : (다른 이가)~하고 싶어하다

- 子どもは 甘い ものを 食べたがる。

- 妹は スペイン語を 習いたがって います。

- 姪は 流行する 服を 着たがって いる。

- いとこは あまり 日本へ 行きたがらない。

2. ≫ 명사＋ほしがる : (다른 이가)~을 원하다

- 友だちは 新しい ケータイを ほしがって います。

- 彼は 彼女の 助けを ほしがって いました。

- 先生は ノートパソコンを ほしがって います。

❀ ふつう 女の子は ブルーより ピンク色を ほしがります。

3. ≫ 동사「ない」형＋でしょうかなあ(ものか): ～하지 않을까, ～했으면 좋겠네

❀ 早く 風邪が 治らないでしょうかなあ。

❀ 日本語が 上手にならないものか。

❀ いい仕事が 見つからないでしょうかねえ。

❀ 自然エネルギーを 使う 時代が 来ないものか。

연습하기

1. 엄마는 휴가 때, 일본 온천에 가고 싶어 한다. (休み、温泉)

　》 _____

2. 친구는 혼자 살고 싶어 합니다. (一人暮らし)

　》 _____

3. 그녀는 워킹 홀리데이로 일본에 가고 싶어 합니다. (ウォーキングホリデー)

　》 _____

4. 할머니는 조용한 동네에서 살고 싶어 합니다. (町、住む)

　》 _____

5. 남동생은 당신을 만나고 싶어 하지 않습니다. (弟、会う)

　》 _____

6. 그녀는 나의 선물을 원했다. (彼女、プレゼント)

　》 _____

7. 친구는 경찰관이 되고 싶어 합니다. (警察官)

　》 _____

8. 아, 그가 나를 찾아오지 않을까. (訪ねる)

　》 _____

9. 오늘은 그에게서 메일이 오지 않을까. (メール)

　》 _____

10. 좀 더 경기가 좋아지면 안 될까? (좋아졌으면 좋겠다) (景気)

　》 _____

「食べたがる」와「食べたがっている」는 같은 의미인가요?

현재 시점에서의 감정이나 감각을 나타낼 때는「〜がる」가 아니라「〜がっている」를 쓴다. 다시 말해「〜がる」에는 현재, 혹은 지금의 감정이나 감각을 전하지 못한다.

> 예 弟は自転車をほしがっている。
>
> 妹はヨーロッパへ行きたがっている。
>
> 大学に合格して、となりの娘さんはうれしがっている。

한편「〜がる」를 쓸 경우는 일반적인 습관이나 미래를 나타낸다.

> 예 子供は新しいゲームソフトをほしがる。(애들은 대개 새 것을 원하는 법이니까)
>
> 彼はいつもできそうもないことをやりたがる。(늘 그는 그래)

※ 말하는 사람 자신에 관해서도「〜がる」표현이 쓰이기도 한다.

> 예 私がいくら悲しがっても取り合ってくれない。
>
> 母は私がほしがっていたものを買ってくれた。

16-1

弟に 誕生日の プレゼントを あげる。

・수수표현(1)

1. 》 あげる(さしあげる): 주다(드리다) (나→다른 이 / 다른 이→ 다른 이)

🌸 私は 木村さんに 手作りの ケーキを あげた。

🌸 猫に 餌を あげるのは 私の 仕事です。

🌸 弟に 誕生日の プレゼントを あげる。

🌸 私は 先生に あの 本を さしあげました。

2. 》 ～てあげる(さしあげる): ～해 주다(드리다) (나→다른 이 / 다른 이→ 다른 이)

🌸 私は 先生の かばんを 持ってあげました。

🌸 おじいさんに 料理を 作ってあげた。

🌸 目の 不自由な 人に 本を 読んであげる ボランティアを しています。

❀ 一つ、秘密を 教えてあげましょうか。

3. ≫ くれる(くださる):주다(주시다) (타인→나 / 타인→내 범위 안의 사람)

❀ 別れる 時、友だちは 私に 自分の 時計を くれた。

❀ 兄は 私に 小遣いを くれました。

❀ 田中さんは 妹に ボールペンを くれました。

❀ 先生は 私に お菓子を くださいました。

4. ≫ ～てくれる, くださる:～해 주다(주시다) (타인→나 / 타인→내 범위 안의 사람)

❀ ごめん、そこの かばん、とってくれる？

❀ 彼は 母に 手紙を 読んでくれました。

❀ 江川先輩は 親切です。困る 時は いつも 助けてくれます。

❀ 先生が 進路の 相談に のってくださいました。

연습하기

1. 아버지가 나에게 용돈을 주었습니다. (父、小遣い)

　》 _____

2. 밸런타인데이 때, 미나는 그에게 초콜릿을 주었습니다. (バレンタインデー、チョコ)

　》 _____

3. 친구는 다나카에게 한국 선물을 주었다. (お土産)

　》 _____

4. 그가 준 선물을 지금도 소중히 간직하고 있다. (プレゼント、大事に する)

　》 _____

5. 나는 친구에게 소중히 여기던 시계를 주었습니다. (大事に する、時計)

　》 _____

6. 그는 나를 위해 세 시간이나 기다려 주었다. (待つ)

　》 _____

7. 선생님은 학생들에게 캔디를 주셨습니다. (キャンディ)

　》 _____

8. 이 만화, 읽고 싶다고 했지? 너한테 줄게. (漫画)

　》 _____

9. 할아버지가 제게 할머니의 유품을 주셨습니다. (形見)

　》 _____

10. 내가 준 반지를 그는 잃어버리고 말았습니다. (指輪、無くす)

　》 _____

흔히 한국인 학습자가 한국어 '~해 드리다'에 해당하는 일본어를「~てさしあげる」로 생각하여「~てさしあげます」,「~てさしあげましょうか」문형을 사용하는 경우가 많다.

그러나 이는 듣는 이에게 불필요한 친절을 강요받거나 말하는 이가 생색을 내는 느낌을 줄 우려가 있는 표현이므로 삼가는 것이 좋다.

만약 상대를 위한 배려에서 '~해 드리겠습니다', '~해 드릴까요?'라고 하고 싶은 경우에는 아래와 같이 의문형으로 물어보는 것이 예의 바른 표현이라 할 수 있다.

> 예 선생님, 짐 들어드리겠습니다.
>
> 先生、お荷物、持ってさしあげます。(×)
>
> 先生、お荷物、お持ちしましょうか。(○)
>
> 도시락, 사다드릴까요?
>
> おべんとう、買ってきてさしあげましょう。(×)
>
> おべんとう、買ってまいりましょうか。(○)

16-2

私は 木村さんに 手作りの ケーキを もらった。

・수수표현(2)

1. ≫ もらう：받다(받는 사람의 입장에서 서술)

🌸 私は 木村さんに 手作りの ケーキを もらった。

≫ 木村さんは 私に 手作りの ケーキを あげた。

🌸 妹は 田中さんに ボールペンを もらいました。

≫ 田中さんは 妹に ボールペンを くれました。

🌸 旅行会社で パンフレットを もらおう。

🌸 彼女に 誕生日の プレゼントを もらいました。

2. ≫ ～てもらう：～해 받다(～해 주다)

🌸 彼女は 彼に 指輪を 買ってもらいました。

≫ 彼は 彼女に 指輪を 買ってあげました。

✿ 母は 父に 手紙を 書いてもらった。

≫ 父は 母に 手紙を 書いてくれた。

✿ 風邪なら 早く 医者に みてもらったほうが いいですよ。

✿ 後輩に 手伝ってもらったので、引っ越しが すぐに 終わった。

3. ≫ いただく : 받다(「もらう」의 겸사말)

✿ 卒業の 時、先生に カードを いただきました。

✿ 日本人の先生に 難しい 漢字の 読み方を 教えていただきました。

✿ おばあさんに 村上春樹の 本を いただいた。

✿ 社長に 感謝の お言葉を いただきました。

4. ≫ ～ていただく : ～해 받다(～해 주다/「～てもらう」의 겸사말)

✿ 先生に 進路の 相談に のっていただきました。

✿ 困っていた 時、彼に 助けていただきました。

✿ 娘は 校長先生に おもちゃを 作っていただいた。

✿ 知らない 方に 写真を 撮っていただきました。

연습하기

1. 미나는 밸런타인데이 때, 그에게 초콜릿을 주었습니다.

(バレンタインデー、チョコ)

≫ 彼は_____

2. 여동생은 내게 선생님에게 받은 선물을 자랑하였습니다. (妹、プレゼント、自慢する)

≫ _____

3. 어머니는 아이에게 옛날 이야기책을 읽어 주었다.(昔話の 本)

≫ 子どもは_____

4. 친구가 나를 병원에 데려가 주었습니다. (病院、つれていく)

≫ 友だちが_____

≫ 私は_____

5. 어젯밤, 동생의 숙제를 도와주었다. (ゆうべ、弟、宿題、手伝う)

≫ 私は_____

≫ 弟は_____

6. 그에게서 처음으로 받은 선물을 지금도 소중히 간직하고 있습니다.

(初めて、プレゼント、大事に する)

≫ _____

7. 선생님은 학생들의 행동을 칭찬해주셨습니다. (行動、誉める)

≫ 先生は_____

≫ 学生たちは_____

8. 한국에서는 친구끼리는 사주기도 하고 얻어먹기도 합니다. (友_{とも}だち同士_{どうし}、おごる)

》 _____

9. 선생님은 학생들에게 아이스크림을 사 주셨습니다. (アイスクリーム)

》 学生_{がくせい}たちは_____

10. 그는 그녀를 집까지 바래다주었다. (送_{おく}る)

》 彼女_{かのじょ}は_____

Q 잠깐 공부하기
「される」, 「受ける」, 「もらう」의 차이에 대하여 설명해 주세요.

「される」「受ける」「もらう」 모두 한국에로는 '명사+받다'로 해석되는 경우가 많아 헷갈리는 경우가 많으니 주의해야 한다.

1. 「される」
- (본인은 싫으나) 억지로, 혹은 일방적으로 행위를 당할 때
- 동사화가 안 되는 단어에서 사용할 수 없다.

예 賞、学位、補助金、報酬、資格、手紙 등

2. 「受ける」
- 다가오거나 닥친 일을 받아 대응할 때
- 자신의 의지가 포함된다. 의지가 들어갈 여지가 없는 단어는 「される」와 비슷하다.

예 抗議、攻撃、侮辱、尊敬、差別、影響 등은 {される(○) / 受ける(○)}

3. 「もらう」
- 구체적인 물건, 혹은 무엇인가 남는 것을 받을 때

예 電話、返事、通知、プレゼント、お金、賞、学位、補助金、報酬、
資格、手紙、許可、援助、注文 등

※ 오용례 예문

・学校で賞をもらった。	受けた(○) / された(×)
・アメリカで学位をもらう。	受ける(○) / される(×)
・招待を受けて訪問した。	されて(○) / もらって(×)

・真夜中に電話を<u>されて</u>眠れなかった。	受けて(△) / もらって(×)
・国の補助金を<u>もらう</u>地方自治体。	受ける(○) / される(×)
・先生から注意を<u>受けた</u>。	された(○) / もらった(×)
・全国民から歓迎を<u>受けた</u>。	された(○) / もらった(×)
・待っていた人から電話を<u>もらった</u>。	受けた(○) / された(×)

(羽鳥玲子『일본어 표현 이게 왜 틀려?』시사일본어사, 2012에서 발췌)

17-1

私が 戻るまで 待ってください。

・명령, 부탁

1. 》 〜なさい

❀ 学校に 遅れるよ。早く起きなさい。

❀ 手を きれいに 洗いなさい。

❀ 聞こえないよ。もっと 大きい 声で 答えなさい。

❀ かならず 今日中に 仕上げなさい。

2. 》 〜てくれる？

❀ 悪いけど、そこの かばん 取ってくれ。

❀ 「結婚してくれる?」と 彼は 言いました。

❀ 買い物するんだけど、ちょっと 付き合ってくれない?

🌸 明日は 少し 早めに 来てくれませんか。

3. 》 〜てください

🌸 私が 戻るまで 待ってください。

🌸 すみませんが、ここで タバコを 吸わないでください。

🌸 最近 起きた 事件に ついて 話してくださいますか。

🌸 人の 悪口は もう 止めてくださいませんか。

4. 》 〜てくださいますよう

🌸 みんなに よろしく 伝えてくださいますよう お願いします。

🌸 燃えない ゴミを 出す 日は 火・木です。

みんな 守ってくださいますよう お願いします。

🌸 神様、どうぞ 私の お願いを 聞きとげてくださいますように。

🌸 支払いは 今月中に してくださいますよう お願いします。

연습하기

1. 자기 방은 자기가 정리하시오. (自分、部屋、自分で、片付ける)

　》 _____

2. 바쁘더라도 매일 한 시간 정도는 산책이나 운동을 하시오.

　　　　　　　　　　　　　　(忙しい、毎日、散歩、運動)

　》 _____

3. 미안한데 이사하는 거, 조금 도와주지 않을래? (引っ越し、手伝う)

　》 _____

4. 어려운 문제는 조금 가르쳐 주세요. (難しい、問題、教える)

　》 _____

5. 죄송합니다. 조금 자리를 좁혀주시지 않겠어요? (席を つめる)

　》 _____

6. 남에게 폐가 되는 행동은 하지 말아주세요. (迷惑を かける、行動)

　》 _____

7. 가능한 한 빨리 제게 연락주시기 바랍니다. (なるべく、早い うちに、連絡)

　》 _____

8. 더 이상 과거의 일로 괴로워하지 마세요. (もう、過去、苦しむ)

　》 _____

9. 아빠. 오늘은 엄마 생일이니까, 일찍 들어오세요. (誕生日、早く、帰る)

　》 _____

10. 학부모회의에 출석해주시기 바랍니다. (父母会、出席)

　》 _____

잠깐 공부하기

「人々」와 「人たち」는 같은 뜻인가요?

두 단어 모두 '사람들'이라는 복수의 의미를 지니지만 뉘앙스에서 약간 차이가 난다.

「人たち」는 단순히 '많은 사람들'이라는 의미임에 비해, 「人々」는 복수의 의미만이 아니라, '집단 속의 한 사람 한 사람'의 뜻을 나타낸다.

예　日本に来て、人たち(?)がとても親切なのを知りました。

そこにはぜんぶ偉い人たち(?)でした。

人々(○)の顔は喜びにあふれていました。

その村は、人々(○)が昔ながらの家に住み、生活しています。

あの国は貧しく、人々(○)の暮らしも楽ではなかった。

일본어는 단수, 복수의 구별이 엄밀하지 않아 때로는 단수의 형태로 복수의 의미를 나타내기도 한다.

예　観光地は人であふれています。

あそこは地元の人しか知らない。

子どもは普通、甘い物が好きでしょう。

男の子は思春期になると、声が変わる。

17-2

ぜひ 私を 信じていただきたい。

・의뢰, 부탁

1. ≫ ～てほしい

🌸 いつまでも 私の そばに いてほしい。

🌸 あなたにも 話を 聞いてほしいんですが。

🌸 お年寄りを もっと 大切に してほしいと 思う。

2. ≫ ～てもらいたい

🌸 この 手紙を 彼に 渡してもらいたい。

🌸 これから 話す ことを よく 聞いてもらいたいです。

🌸 お母さん、明日、お弁当 作ってもらいたいんだけど。

3. 》 〜てもらえませんか

❀ 悪_{わる}いけど、ドアを 閉_しめて もらえますか。

❀ 私_{わたし}の 家_{いえ}まで 迎_{むか}えに きて もらえませんか。

❀ すみませんが、ちょっと 相談_{そうだん}に のってもらえないでしょうか。

4. 》 〜ていただきたい

❀ ぜひ 私_{わたし}を 信_{しん}じていただきたい。

❀ すみません。すこし 手伝_{てつだ}っていただきたいですが。

❀ あのう、ちょっと 道_{みち}を 教_{おし}えていただきたいんですけど。

5. 》 〜ていただけませんか

❀ 今度_{こんど}、キムチの 作_{つく}り方_{かた}を 教_{おし}えていただけますか。

❀ 明日_{あした}、引_ひっ越_こしを 手伝_{てつだ}っていただけませんか。

❀ この 本_{ほん}を 貸_かしていただけないでしょうか。

연습하기

1. 열심히 노력해주었으면 합니다만. (いっしょうけんめい、努力する、〜てほしい)

» _____

2. 부모님은 언제나 건강히 계셔주시면 합니다. (両親、元気で いる、〜てほしい)

» _____

3. 내 대신 그를 마중하러 가주시지 않겠어요? (代わりに、彼、迎える)

» _____

4. 내 이름을 불러 주었으면 합니다. (呼ぶ、〜てもらう)

» _____

5. 미안하지만 거기 있는 책을 건네주었으면 하는데요. (本、渡す)

» _____

6. 수업 중에는 옆 사람과 떠들지 말아 주세요. (授業中、となり、話す or しゃべる)

» _____

7. 여기서 차를 세워주세요. (車、止める)

» _____

8. 조금 서둘러주시면 좋겠는데요. (すこし、急ぐ)

» _____

9. 자신의 일에 최선을 다해주시면 좋겠습니다. (自分、最善(or ベスト)を 尽くす)

» _____

10. 아이들이 일찍 자면 좋겠어. (寝る)

» _____

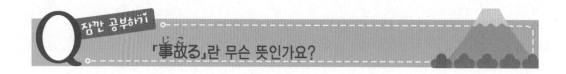

「事故る」란 무슨 뜻인가요?

「起きる」,「捨てる」,「考える」처럼 동사에는 「〜る」형태가 많은데, 이를 본 떠 '사고가 나다'의 뜻으로 「事故」+「る」=「事故る」라는 단어가 만들어진 것이다. 이러한 새로운 형태의 동사는 주로 외래어에서 파생되는 경우가 많은데, 유행어의 범주를 벗어나 널리 정착되어 쓰이는 단어도 많다. 그러나 경우에 따라서는 속어 내지 유행어의 느낌도 강하므로 어려운 자리나 공식적인 대화에서는 사용을 조심하는 것이 좋다.

例 メモる(メモする)

ミスる(ミスを起こす)

サボる(「サボタージュ」の「サボ」+る= なまける)

デコる(デコレーションする、飾る)

ディスる(けなす、否定する)

タクる(タクシーを拾う、タクシーに乗る)

告る(告白する)

18-1

3月に なると 桜が 咲きはじめます。

・ 가정표현(1)

1. 》 と : 습관적, 필연적으로 그 결과가 순차적으로 일어나는 경우

1) 자연현상, 진리

✿ 3月に なると 桜が 咲きはじめます。

✿ この 薬を 飲むと 熱が 下がります。

✿ 6に 6を かけると 36に なる。

2) 습관

✿ 朝、起きると すぐ テレビを つける。

✿ 彼は お酒を 飲むと おしゃべりに なる。

✿ お金が あると つい 余計な ものを 買ってしまいます。

3) 기계조작

❀ ボタンを 押すと コーヒーが 出ます。

❀ ドアの 前に 立つと 自動に ドアが 開きます。

❀ この おもちゃは 電池を 入れないと 動きません。

※ 반복적이며 변함이 없는 의존 관계를 나타내는 것이 「と」의 일반적인 쓰임이므로, 기본적으로 말하는 이의 '의지, 희망, 명령, 의뢰'등의 표현은 수반할 수 없다.

❀ 春に なると 花見に 行こう。(×)

　春に なったら 花見に 行こう。(○)

❀ 風邪が 治ると 外出したいです。(×)

　風邪が 治ったら 外出したいです。(○)

※ 어떤 사실이 연달아 일어나는 것을 나타낼 경우, '~하자', '~했더니'의 의미를 지닌다.

❀ 江川さんに メールを 送ると すぐ 返事が きた。

❀ 窓を 開けると 涼しい 風が 入ってきました。

---

2. ≫ **ば : 앞의 조건과 뒤 조건이 논리적, 필연적인 결합으로 맺어진 경우**

1) 일반적 진리, 추상적 이론, 습관

❀ 5に 1を 引けば 4に なる。

❀ 冬に なれば 雪が 降ります。

☘ 高ければ 買わないが、高くなければ 買います。

☘ 彼は 時間さえ あれば 本を 読む。

2) 속담, 관용구

☘ ちりも 積もれば 山と なる。

☘ 犬も 歩けば 棒に あたる。

☘ うわさを すれば 影が さす。

☘ のどもと 過ぎれば 熱さを 忘れる。

3) 후회, 유감, 충고

☘ もっと 勉強しておけば よかったのに。

☘ 勇気を 出して 正直に 話せば いい。

☘ 作文の 問題は すこし 易しければ いいけど。

※ 가정형「ば」는「と」와 마찬가지로 기본적으로 후반부에 과거형 및 말하는 이의 '의지, 희망, 명령, 의뢰'등의 표현은 수반할 수 없다.

☘ 薬を 飲めば ちょっと 休みたい。(×)

　　薬を 飲んだら ちょっと 休みたい。(○)

☘ 家に 帰れば まず 手を 洗いなさい。(×)

　　家に 帰ったら まず 手を 洗いなさい。(○)

연습하기

1. 아침에 일어나면 1시간 정도 운동을 합니다. (起きる、運動する)

» _____

2. 어두운 곳에서 책을 읽으면 눈이 나빠집니다. (暗い 所、読む、目、悪い)

» _____

3. 찬 음료를 많이 마시면 배탈이 납니다. (冷たい、飲み物、おなかを 壊す)

» _____

4. 어머니가 건강하지 않으면 뱃속의 아기도 힘이 든다.

(元気だ、お腹、赤ちゃん、つらい)

» _____

5. 복숭아 알레르기가 있어서 복숭아를 먹으면 얼굴이 빨개집니다. (桃、アレルギー)

» _____

6. 어려우면 어려울수록 더 열심히 공부하게 됩니다. (難しい、もっと、熱心に)

» _____

7. 좀 더 천천히 말하면 알아들을 수 있을 텐데. (ゆっくり、話す、分かる)

» _____

8. 그녀는 보면 볼수록 성실한 학생입니다. (見る、まじめだ)

» _____

9. 친구가 새 자전거를 사면 저도 사고 싶어집니다. (新しい、自転車、買う)

» _____

10. 안경을 쓰지 않으면 글씨가 안보입니다. (目鏡、かける、字、見える)

» _____

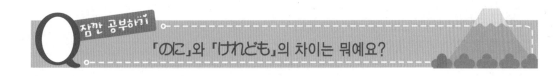

「のに」、「けれども」는 모두 역접을 나타내는 조사이지만 그 쓰임은 약간 다르다.

「のに」는 '당연히 ~일거라 생각했는데 그렇지 않았다'는 느낌을 강하게 나타내는 효과를 지닌다.

예 彼は若いのに(○)/けれども(△)、知識が深い。(지식이 얕을 줄 알았는데)

彼女は若いけれども(○)/のに(×)、きれいではない。

(젊다고 당연히 모두 예쁜 건 아니므로)

あの店はおいしいのに(○)/けれども(△)、客が少ない。(손님이 많을 거 같은데)

あの店はおいしいけれども(○)/のに(×)、安くない。

(맛있다고 꼭 싸야 된다는 법은 없으므로)

결과에 대한 놀라움, 실망, 후회, 분노, 불만 등을 강조할 때는 「のに」를 사용한다.

예 こんなに熱があるのに(○)/けれども(×)、学校へ行かなければならないなんて。

いっしょうけんめい勉強したのに(○)/けれども(×)、落第だって! 本当に頭、悪い!

弟は何も言われないのに(○)/けれども(×)、何で私だけが叱られるのか。

MEMO

18-2

夏休みに なったら 北海道へ 行きませんか。

- 가정표현(2)

1. ≫ たら : 특정적, 일회적인 의존관계

1) 앞문장의 조건이 성립된 시점에서 비로소 뒤의 문장이 이루어진다는 가정조건

✿ 明日、雨だったら ハイキングは やめます。

✿ 夏休みに なったら 北海道へ 行きませんか。

✿ 山田さんに 会ったら よろしく 伝えてください。

✿ 食事が 済んだら 先生の 研究室に 行こうと 思っている。

※ 「XたらY」는 X라는 일이 일어날지 모르지만, 일어났을 때를 가정하여 Y를 말하고 있다.

※ 「たら」는 특정적이고 일회적인 관계를 나타내는 가정 조건이므로, 후반부에 '의지, 희망, 명령, 의뢰, 허가' 등의 표현이 올수 있다.

2) 뜻밖의 상황이나 사건의 전제로 쓰이는 경우, '～하자', '～했더니만'의 의미

🌸 部屋の 窓を 開けたら 富士山が 見えました。

🌸 図書館に 行ったら たまたま 休館日だった。

🌸 駅に 着いたら 母が 私を 待っているのではないですか。

2. 》 なら : 상황이 일어나기 이전 시점에서 화자의 판단, 의지 등을 표현

1) 화제를 제시하거나 한정한다.

🌸 花なら やっぱり 桜が 一番ですね。

🌸 鎌倉へ 行くなら、この お店が お勧めですよ。

🌸 アリランは 韓国人なら 誰もが 知っている 歌です。

🌸 東京なら 家賃は もっと 高く なります。

2) 상황의 예정 또는 진행을 상정하여 화자의 의견을 서술한다.

🌸 日本語を 習うのなら、会話より 文法から 始めては どうですか。

🌸 海外旅行に 行くなら 簡単な 挨拶ぐらいは 覚えた ほうが いい。

※ 「たら」는 상황이 이미 일어났다는 가정 하에 그 다음 단계의 일을 서술한다. 반면, 「なら」는 이제부터 상황이 일어난다는 가정 하에 그 전단계의 일을 말한다.

🌸 飲んだら 乗るな、乗るなら 飲むな。

🌸 お客様が 来たら お茶を 出してください。

🌸 お客さんが 来るなら、お茶を 用意しておくべきです。

연습하기

1. 감기에 걸렸다면 물을 많이 마시고 푹 쉬는 게 좋아요.

(風邪を ひく、十分に、休む)

>> _____

2. 먼저 수업이 끝나면 여기서 기다려주세요. (先に、授業、終わる、待つ)

>> _____

3. 아침에 일어나보니 뜰에 눈이 쌓여있었다. (朝、起きる、庭、雪、積もる)

>> _____

4. 온천 여행이라면 역시 일본이 좋지요. (温泉旅行、やはり)

>> _____

5. 만약 복권에 당첨되면 무엇을 사고 싶어요? (もし、宝くじに 当たる、買う)

>> _____

6. 집에 도착하면 연락해줘. (着く、連絡する)

>> _____

7. 아르바이트를 그만두고 싶으면 1주일 전에 점장에게 말해야한다. (バイト、店長)

>> _____

8. 그러면 끝까지 최선을 다할 겁니다. (最後まで、頑張る or 最善を 尽くす)

>> _____

9. 지금 바쁘면 다음에 만나서 상의합시다. (今、忙しい、今度、会う、話し合う)

>> _____

10 숙제를 했으면 게임을 해도 좋다. (宿題、済ます、ゲーム)

>> _____

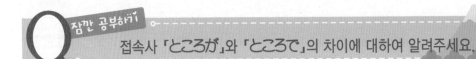

접속사 「ところが」와 「ところで」의 차이에 대하여 알려주세요.

1. 「ところが」: 역접의 접속사로 '그런데' 의 의미

   예 急いで約束の場所へ行った。ところが、彼はそこにいなかった。

   いよいよ9月になった。ところが、少しも涼しくならない。

   熱心に勉強した。ところが、成績はあがらなかった。

2. 「ところで」: 화제 전환의 접속사로 '그런데', '그건 그렇고'

   예 まだ暑いですね。ところで夏休みにはどこか行きましたか。

   今日、作文の授業がありますね。ところで、期末テストはいつですか。

   まあ、これでいいでしょう。ところで、あの件はどうなりましたか。

19-1

明日は 雨が 降るそうです。

・전갈(伝聞)

---

1. 》 そうだ：기본형 및 활용형에 접속, '～라고 하다'

❀ ニュースに よると 明日は 雨が 降るそうです。

❀ A: 金さんは お肉は 食べないそうですね。

　　B: ええ、彼、お肉が きらいだそうです。

❀ 昨日は 仕事が 多くて 大変だったそうですね。

❀ A: あの 映画、とても 面白いそうですね。

　　B: 姉の話では 思ったより 面白くなかったそうですが。

❀ キムさんの 話では、この 薬は 頭痛に よく 効くそうですよ。

2. 》》 ~と言っていました

❀ 昨日 山田さんは「明日は 休む」と 言っていました。

❀ A: 天気予報で 今日の 午後、雨だって 言ってた?

   B:いや、曇るとは 言ってたけど、雨とは 言ってなかったよ。

❀ A: あなた、この 前、確かに「見た」と 言いましたね。

   B: そんな ことを 言った 覚えは ない。

   A: いや、絶対に そう 言いました。

※ 들은 내용을 물어 볼 경우는「何と」「何て」「どう」등을 사용한다.

❀ 林さんは、何と おっしゃいましたか。

❀ 林さんは、何て 言っていましたか。

❀ 林さん、どう言ってた?

3. 》》 ~って

❀ 彼は 来年、日本へ 留学するって。

❀ ラジオに よると 明日は 雪ですって。

❀ あの 人は テニスが とても 上手だって。

연습하기

1. 다음 달부터 택시 기본요금이 오른다고 합니다.

(来月、タクシー、基本料金、上がる)

≫ _____

2. 옛날에는 두 사람이 무척 친했다고 합니다. (昔、親しい)

≫ _____

3. 몇 년 전, 일본 동북 지방에 큰 지진이 있었다고 합니다.

(何年か 前、東北地方、地震)

≫ _____

4. 그녀는 생선 요리를 그다지 좋아하지 않는다고 하던데요. (魚料理)

≫ _____

5. 취직이 정해졌다면서요. 축하드려요. (就職、決まる)

≫ _____

6. 일본어는 공부하면 할수록 점점 재미있어진대요. (だんだん)

≫ _____

7. 헤어지고 나서도 그녀는 그를 잊은 적이 없었대요.(別れる、忘れる)

≫ _____

8. 다나카씨는 한국 음식을 좋아해서 매운 김치도 아주 잘 먹는대요. (辛い、キムチ)

≫ _____

9. 남동생은 오늘 일찍 집에 온다고 했는데 아직 안 오네요. (弟、帰る)

≫ _____

10. 운동을 시작하기 전에는 그는 그다지 건강하지 않았대. (運動、元気)

≫ _____

「お飲み物はコーヒーで大丈夫ですか」라는 말은 어색한가요?

원래 「大丈夫」의 의미는 '확실해서 문제없다, 위험한 요소가 없어 안심할 수 있다'처럼 어떤 성질이나 상태가 용인된다는 표현에서 출발한다. 예를 들어 다음 예문과 같이 무언가 위험하거나 불안한 요소가 예상되는 상황에서 사용할 수 있다.

예 ママ: 大丈夫？(넘어져 혹시 위험에 처했을까 걱정하며)

子ども: 痛い！

ママ: これぐらいなら大丈夫。泣かないで。

A: メール、日本語で大丈夫ですか。(일본어 문자가 깨질 위험성을 염두에 두고)
B: ええ、大丈夫ですよ。

따라서 특별히 위험하다거나 문제가 발생되는 상황을 전제로 한 질문이 아닌 경우에 「～大丈夫ですか」를 쓰는 것은 어색하다.

예 A: お飲み物はコーヒーで大丈夫ですか(?) / いいですか。(○)(よろしいでしょうか)
B: はい、いいです。

店員: (お弁当) あたためますか。
客: B: いえ、大丈夫です(?) / いいです。(○) (데우지 않아도 되요)

19-2

この ケーキ、おいしそうですね。

- 양태(様態): 사실 여부와 관계없이 '~하게 보이다'는 의미

---

1. 》 형용사, 형용동사의 어간＋そうだ:(외관상의 인상) ~하게 보이다

❀ A: この ケーキ、おいしそうですね。

　 B: 私が 作ったんです。おいしそうでしょう。

　　 でも 本当は まずいんです。塩と 砂糖、間違えて 入れたんだから。

❀ この 本は 漢字が 多くて 私には ちょっと 難しそうです。

❀ 日本人は まじめそうな 人が 多いですね。

❀ これは 使い方も 簡単で よさそうです。

❀ 赤ちゃんが 気持ちよさそうに 寝ています。

❀ 私が 探している ものは この 店には なさそうです。

2. ≫ 동사 ます형＋そうだ：상황의 징후 (지금이라도 ～할 것 같다)

❀ 今日は 雨が 降りそうだ。

❀ 授業は もう 終わりそうですよ。ちょっと 待っていてください。

❀ 子供は 今にも 泣き出しそうな 顔を している。

❀ 強い 風で、木が 倒れそうに なっています。

3. ≫ 「～そうだ」의 부정형

1) 형용사, 형용동사 : 「～なさそうだ」「～そうではない」

❀ この ケーキ、おいしくなさそうですね。

　　　　　　　≒ おいしそうではないですね

❀ あの 歌手は あまり 有名ではなさそうだ。

　　　　　　　≒ 有名そうではない

2) 동사 : 「～そうに(も)ない」「～そうも(に)ない」「～そうではない」

❀ 今日は 雨が 降りそうにない。≒降りそうもない

　　　　　　　≒ 降りそうにもない

　　　　　　　≒降りそうではない

❀ 今日は 雨が 降らなそうだ。≒ 降らなさそうだ (△)

연습하기

1. 그는 슬픈 듯한 얼굴을 하고 있습니다. (悲しい、顔)

　　》 _____

2. 포스터를 보니 이 영화, 재미있을 거 같은데요. (ポスター、映画、おもしろい)

　　》 _____

3. 그래요? 저는 별로 재미있을 것 같지 않은데요. (あまり、おもしろい)

　　》 _____

4. 작문 시험 어려울 것 같아요. (作文、テスト、むずかしい)

　　》 _____

5. 이 가방은 비싸지 않을 것 같다. (かばん、高い)

　　》 _____

6. 겨울 방학에는 아르바이트도 있어서 바쁠 것 같아요. (冬休み、バイト、忙しい)

　　》 _____

7. 도깨비가 나올 것 같은 집이네요. (鬼、出る)

　　》 _____

8. 1시간 정도로 일이 끝날 것 같지 않습니다. (ぐらい、仕事、終わる)

　　》 _____

9. 하늘이 비라도 내릴 것같이 흐려있습니다. (空、雨、降り出す、曇る)

　　》 _____

10. 그는 일본에 갈 것 같지 않아요. (彼、日本、行く)

　　》 _____

Q 잠깐 공부하기

「彼はいい人そう」, 「彼は人がよさそう」둘 다 맞는 표현인가요?

「そうだ」는 외관이나 직감 등으로 판단하여 '～일 것 같다'는 의미를 나타내며 「よい」와 「ない」에 접속할 때는 각각 「よさそう」 「なさそう」가 된다.

「彼はいい人そう」는 명사에 붙은 것으로 최근 일본의 젊은이들 사이에서 쓰이는 말투

> **예** 彼は悪い人そうじゃない。(＝人が悪そうではない)
>
> 彼は打ち解ける人そうではない。(＝打ち解けそうにもない)

이처럼 '명사+そう'는 외관으로 본 상태나 성질을 나타낸다는 점에서 「そうだ」 본래의 의미를 살리고 있으나 아직은 일반적인 표현이라고는 할 수 없다.

20-1

山内さんは 明日、日本へ 帰るようです。

・**추량(推量)** : 눈앞의 상황이나 정보를 보고 추측하는 표현

1. 》 ようだ : 화자의 관측에 의한 사태 파악, 지각 판단

🌸 山内さんは 明日、日本へ 帰るようです。

🌸 残念ですが、この ダイヤは 本物じゃないようです。

🌸 (雨の 音が 聞こえる) 雨が 降ってきたようですね。

🌸 (ノックを したが、返事が ない)どうやら だれも いないようです。

🌸 名前から 見ると 王さんは 中国人の ようです。

2. 》 みたいだ :「ようだ」의 회화체

🌸 外を 見たら まだ 雨が 降っているみたいね。

🌸 彼は 今日も 遅れるみたいだ。

✿ 山田さんの お子さんは まだ 小さいみたい。

3. ≫ らしい : 정보를 바탕으로 하는 추정

✿ ニュースに よると 最近、世界的に 韓流が 大変 人気が あるらしい。

✿ 先輩の 話では 毎年 作文の テストは 難しいらしい。

✿ どうも 鈴木さんは ひそかに 結婚したらしい。

✿ この 薬は 肩こりに よく 効くらしい。

※ 「らしい」는 「ようだ」와 마찬가지로 화자의 판단에 기초한 추량표현이다. 단, 정보의 근거가 불명확할 경우에는 소문 등을 전하는 뜻을 지니며 정보의 출처가 명확할 경우에는 전갈의 「そうだ」의 의미로도 사용된다.

※ 명사+らしい : ~답다

· 二三日、秋らしい 日が 続いています。

· 林さんは 男らしい 人です。

· 今日は あなたらしくないね。何か あったの。

연습하기

1. 그녀는 아무것도 모르고 있는 듯하다. (彼女、何も、知る)

≫ _____

2. 최근에는 초등학생들도 바쁜 것 같아요. (最近、小学生、忙しい)

≫ _____

3. 그와는 어디선가 만난 적이 있는 듯합니다. (彼、どこか、会う)

≫ _____

4. 땅이 젖어있는 것을 보니 비가 내렸나 봐요. (地面、濡れる)

≫ _____

5. 두 사람은 결혼하기로 한 모양입니다. (二人、結婚する)

≫ _____

6. 학생이면 학생답게 열심히 공부하세요. (学生、いっしょうけんめい)

≫ _____

7. 사람들이 우산을 쓰고 있지 않은 걸 보니 이제 비가 그친 것 같다.

(傘を さす、雨が 止む or 上がる)

≫ _____

8. 남자다운 남자와 사귀어보고 싶어요. (男、付き合う)

≫ _____

9. 병원에 문병 갔었는데 그는 이제 건강해진 것 같았습니다. (病院、お見舞い)

≫ _____

10. 졸린 것 같은 눈이네요. 수업이 지루한 모양입니다. (眠い、退屈だ)

≫ _____

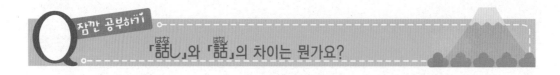

「話し」와 「話」의 차이는 뭔가요?

1. 「話し」: 주로 '이야기 한다'는 동작을 염두에 둔 표현에 사용한다.

> 예　これからテストについてお話しします。
>
> 二人はその件に関して話し合いました。
>
> 話し相手がいないので寂しい。
>
> 話し声、話し方、話し言葉、話し上手、話し好き，話し中、話し手 등

2. 「話」: 명사로, 이야기하는 내용이나 사항을 나타낸다.

> 예　これからテストについて話をします。
>
> まず、先生のお話を聞きましょう。
>
> 彼の話をまとめると次のようです。
>
> 話が分かる、話がある、話がうまい、〜の話、面白い話、世間話、
>
> おとぎ話、昔話 등

20-2

あの子は まるで 人形の ようです。

・「ようだ」의 비유, 예시 표현

1. 》 비유

❁ あの 子は まるで 人形の ようです。

❁ 彼は 日本人の ように 日本語が 上手です。

❁ 会談の 雰囲気が 手に 取るように 分かった。

❁ 彼女は まるで 天使みたいだ。

❁ あの 町は 東京で 言うと 六本木みたいな ところです。

2. 》 예시

❁ 大阪の ような 大都市では 家賃が けっこう 高い。

❁ あなたの ように まじめな 学生ばかりなら 先生は 苦労しません。

❀ 学食では ラーメンや うどんなどの ような ものも 売っている。

❀ 胃が 悪いと 消化に いい おかゆの ような 食べ物を 食べた ほうが いい。

3. ≫ 내용설명

❀ アンケートに 対して、次の ような 回答が ありました。

❀ 先週 知らせたように、工事で 明日と 明後日は 臨時休校です。

❀ みなさんも 知っているように、来月、林先生が 日本へ 帰ります。

4. ≫ 목적

❀ 風邪を ひかないように 気を つけて ください。

❀ 滑らないように 足元に ご注意ください。

❀ 日本語が 上手に なるように 頑張りたいと 思います。

❀ 聞いた ことを 忘れないように メモします。

연습하기

1. 아기 볼이 마치 사과처럼 빨개요. (赤ちゃん、頬、まるで)

>> _____

2. 그는 뜬구름 잡는 이야기만 하고 있습니다. (雲を つかむ)

>> _____

3. 도쿄 같은 대도시는 물가가 비싸서 생활하기 어렵겠지요. (大都市、物価)

>> _____

4. 우리 딸도 댁의 따님처럼 공부를 잘 하면 좋겠어요 (娘、お嬢さん、勉強が できる)

>> _____

5. 일본인처럼 일본어를 잘 할 수 있도록 노력할겁니다. (上手に なる)

>> _____

6. 시험 때는 지각하지 않도록 일찍 집을 나옵니다. (受験、遅刻)

>> _____

7. 요 며칠 봄 날 같이 따뜻한 날이 계속되고 있습니다. (ここ 二三日)

>> _____

8. 멀리까지 들리도록 큰 소리로 이야기 해주세요. (遠く、聞こえる)

>> _____

9. 어제 말한 대로 오늘은 30분간 단어 시험이 있습니다. (単語)

>> _____

10. 어릴 적에 키가 크도록 우유를 많이 마셨습니다. (背が 伸びる)

>> _____

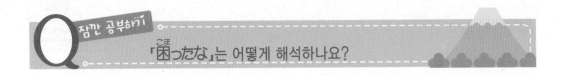

잠깐 공부하기

「困ったな」는 어떻게 해석하나요?

「山に登った。さわやかな空気だった。月もきれいだった。夜遅く家に帰った。」

이 예문처럼 동사의 「~た」형태는 보통 지난 시간, 즉 과거를 나타내는 형태로 사용된다. 그러나 과거 이외에도 몇 가지 표현을 나타내는 쓰임이 있으므로 주의하자.

예 A: ミルクが売り切れなんだって。

B: 困ったな。どうしよう。"곤란한데, 어떡하지..."

(불가항력, 속수무책의 상황에서 난감한 심경 표현)

· 答え、何だろう。あっ、分かった、分かった。"답이 뭐지... 앗, 알았다, 알았다"

(사항의 결정, 순간적인 기억 등을 확인하는 심경 표현)

· (八百屋の主人が) さあ、買った、買った。(사세요, 사세요)

· (人ごみを走りぬけながら) どいた、どいた。(비켜, 비켜)

(무언가를 강하게 요구, 내지 명령하는 표현)

21-1

私は 先生に ほめられた。

- **수동(受身) 표현:** 행위의 영향을 받는 입장에서 그 결과를 서술하는 표현

◎ **수동형 만들기**

1단 동사: ない형 +られる	食べる→食べられる ほめる→ほめられる	見る→見られる 教える→教えられる
5단 동사: ない형 +れる	書く→書かれる 言う→言われる	踏む→踏まれる 壊す→壊される
する/くる 동사	する→される	くる→来られる

1. ≫ **직접 수동: B が(は) A に V(ら)れる(B가 A에게 ~되다)**

❀ ねずみが 猫に 追いかけられる。

❀ 私は 両親に 愛されて 育ちました。

❀ 私は 先生に ほめられた。

2. ≫ 간접 수동 : Bが(は) Aに (Nを) V(ら)れる(B가 A에게 (N을)을 ~당하다)

❀ 朝、電車の 中で だれかに 足を 踏まれまして 大変でした。

❀ 子どもの 時、犬に 指を かまれて、今も 傷が あります。

❀ 小学生の 時、いたずらっ子に かばんに 蛙を 入れられた ことが ある。

3. ≫ 자동사 수동 : Bが(は) Aに V(ら)れる(B가 A에게 ~(자동사)당하다)

❀ 旅行中、ずっと 雨に 降られました。

❀ 大きい 人に 前に 立たれると、ステージが 見えなくなってしまいます。

❀ 車の 中で 子どもに 騒がれて 困ってしまいました。

4. ≫ 물건이 주어인 수동 : V(ら)れる(~되다)

❀ 日本の アニメや 漫画は 世界中で 見られています。

❀ 2018年に ピョンチャンで オリンピックが 開催されました。

❀ 酒は 米から、しょうゆは 大豆から つくられます。

연습하기

1. 아이가 달려와 엄마에게 안겼습니다. (子供、母親、抱く)

≫ _____

2. 곤란에 처해 있을 때 그에게 도움을 받았다. (困る、助ける)

≫ _____

3. 그는 성실한 사람이어서 모두에게 인정받고 있습니다.(認める)

≫ _____

4. 따돌림을 당한 괴로운 경험은 평생 잊기 힘들겠지요.

(いじめる、つらい経験、一生)

≫ _____

5. 그는 학생들에게 존경받는 선생님입니다. (尊敬する)

≫ _____

6. 다친 사람은 구조되어 병원으로 옮겨졌습니다. (けがをする、助ける、運ぶ)

≫ _____

7. 어젯밤에 친구가 와서 공부를 할 수 없었습니다. (ゆうべ)

≫ _____

8. 어릴 때 아버지를 여위어서 생활이 힘들었습니다. (死ぬ、大変だ)

≫ _____

9. 아이가 울어서 어떻게 해야 좋을지 몰랐습니다. (子ども、泣く)

≫ _____

10. 이 가게에서 가장 잘 팔리는 상품은 뭐예요? (売る、商品)

≫ _____

「ご苦労様」와 「お疲れ様」의 차이에 대해 알려주세요.

1. 「ご苦労様」: 「苦労」는 '수고, 고생, 노고'의 뜻. 즉「ご苦労様」는 '수고, 고생, 노고'를 하도록 만든 사람 쪽에서 '수고, 고생, 노고'를 한 사람에게 하는 위로의 말로 쓰이므로 보통 손윗사람이 손아래 사람에게 하는 인사말이다.

2. 「お疲れ様」: 「疲れる」는 '피곤하다, 지치다'의 뜻. 즉「お疲れ様」는 손윗사람의 피곤한 모습을 보고 손아랫사람이 할 수 있는 위로의 인사말이다. 단, 공동 작업이나 일이 끝났을 때 신분의 상하를 막론하고 모두 「お疲れ様」라고 인사를 나누기도 한다. 또한 동료나 아랫사람에게 친근한 말투로「お疲れさん」,「お疲れ」라고도 한다.

21-2

ほんとうに 信じられない 話ですね。

· 가능 표현

가능 표현 만들기

1단 동사: ない형 +られる	食_たべる→食_たべられる 起_おきる→起_おきられる	見_みる→見_みられる 教_{おし}える→教_{おし}えられる
5단 동사: エ(e)단 +る	書_かく→書_かける 言_いう→言_いえる	読_よむ→読_よめる 取_とる→取_とれる
する/くる 동사	する→できる	くる→来_こられる

---

1. ≫ 동사의 기본형＋ことが できる

🌸 日本語_{にほんご}で 話_{はな}すことは できますが、新聞_{しんぶん}を 読_よむことは できません。

🌸 今_{いま}は 昔_{むかし}と 違_{ちが}って だれでも 教育_{きょういく}を 受_うけることが できます。

🌸 約束_{やくそく}の 時間_{じかん}に 間_まに 合_あわなかったので 彼_{かれ}に 会_あうことが できなかった。

2. ≫ 1단 동사 : ～が できる、～が「～られる」

✿ パソコンが できる 人を 探しています。

✿ 東京では 車が 止められる 場所が 少ないです。

✿ 日本での 生活が 長いので 今は 納豆が(も) 食べられます。

✿ この 頃は 熱帯夜なので なかなか 寝られません。

✿ ほんとうに 信じられない 話ですね。

3. ≫ 5단 동사 : ～が「～エ(e)る」

✿ あなたは 日本語が 話せますか。

✿ わたしは 全く 泳げません。

✿ 家では パソコンが 使えなくて 困っています。

✿ まだ 難しくて 読めない 漢字も たくさん あります。

4. ≫ する → できる, くる → 来られる

✿ この 頃は 仕事が 忙しくて とうてい 運動できません。

✿ 何時までに 来られますか。

연습하기

1. 일로 피곤해서 아침 일찍 일어날 수 없었습니다. (疲れる、朝、起きる)

   » _____

2. 제 아파트에서는 애완동물을 키울 수 없습니다. (アパート、ペット、飼う)

   » _____

3. 선생님의 말씀을 잊을 수가 없습니다. (お話、忘れる)

   » _____

4. 바람이 너무 세게 불어서 밖에 나갈 수 없습니다. (風、強すぎる、外、出る)

   » _____

5. 일본어로 자유롭게 이야기할 수 있게 되었습니다. (自由に)

   » _____

6. 만날 수 있다면 다시 한 번 그를 만나고 싶어요. (会う、もう一度)

   » _____

7. 휴대전화가 통하지 않는 곳이라 연락할 수 없었습니다. (通じる、連絡)

   » _____

8. 여기라면 편하게 쉴 수 있을 것 같네요. (ゆっくり、休む)

   » _____

9. 부를 수 있는 일본 노래, 있어요? (歌う、歌)

   » _____

10. 도로가 1시간이나 막혀있어서 빨리 올 수 없었다. (道路、渋滞する)

   » _____

Q 잠깐 공부하기

가능 표현으로 「見れる」, 「来れる」라고도 쓸 수 있나요?

예 ベランダから花火が[見れる or 見られる]

위 문장에 대한 일본인의 사용 빈도(%)

	来れる	来られる	見れる	見られる
10대	54.5	45.5	72.7	27.3
20대	41.7	58.3	41.7	58.3
30대	29.0	67.7	38.7	61.3
40대	45.5	54.5	31.8	68.2
50대	28.6	71.4	19.0	81.0
60대	0	100	33.3	66.7

(『問題な日本語2』인용)

　1단 동사 및 来る 동사를 가능 형으로 만들 때 「見られる」, 「食べられる」, 「来られる」라고 하지 않고 각각 「見れる」, 「食べれる」, 「来れる」와 같이, 「ら」를 빼고 말하는 것을 이른바 「ら抜き言葉」라고 한다. 위의 설문 결과로도 알 수 있듯이 「ら抜き言葉」는 젊은이를 중심으로 많이 사용되고 있다. 그러나 발표나 서류 등, 공식적이고 형식적인 경우에는 「見られる」, 「食べられる」, 「来られる」로 쓰는 편이 바람직하다.

22-1

おじいさまは 今年、おいくつに なられますか。

・존경 표현

◎ 존경 표현 만들기

1단 동사: ない형 +られる	着^きる → 着^きられる 起^おきる → 起^おきられる	続^{つづ}ける → 続^{つづ}けられる 教^{おし}える → 教^{おし}えられる
5단 동사: ない형 +れる	会^あう → 会^あわれる 書^かく → 書^かかれる	なる → なられる 泳^{およ}ぐ → 泳^{およ}がれる
する/くる 동사	する → される	来^くる → 来^こられる

1. 》 1단 동사 ない형 ＋られる

✿ あの 方^{かた}は 東京駅^{とうきょうえき}で 降^おりられます。

✿ ごみは おじいさまが 捨^すてられました。

✿ 先生^{せんせい}は ご自分^{じぶん}の 手^てで お孫^{まご}さんを 育^{そだ}てられました。

2. 》 5단 동사 ない형＋れる

🌸 今日_{きょう}も 仕事_{しごと}の 後_{あと}、泳_{およ}ぎに 行_いかれますか。

🌸 あなたは この 本_{ほん}を 読_よまれましたか。

🌸 おじいさまは 今年_{ことし}、おいくつに なられますか。

🌸 スーパで 何_{なに}を 買_かわれましたか。

3. 》 する → される，くる → 来_こられる

🌸 先生_{せんせい}が お話_{はなし}を されます。静_{しず}かに！

🌸 先生_{せんせい}は 奥様_{おくさま}を 信頼_{しんらい}されていた。

🌸 今_{いま}、入_{はい}って 来_こられた 方_{かた}、お名前_{なまえ}は…

연습하기

존경어로 바꾸기

1. お<ruby>父<rt>とう</rt></ruby>さんは どんな <ruby>仕事<rt>しごと</rt></ruby>を しますか。

　》_____

2. <ruby>新車<rt>しんしゃ</rt></ruby>は いつ <ruby>買<rt>か</rt></ruby>いましたか。

　》_____

3. <ruby>先生<rt>せんせい</rt></ruby>は <ruby>来週<rt>らいしゅう</rt></ruby> <ruby>日本<rt>にほん</rt></ruby>へ <ruby>行<rt>い</rt></ruby>きます。

　》_____

4. <ruby>彼<rt>かれ</rt></ruby>は <ruby>田中<rt>たなか</rt></ruby>さんが <ruby>呼<rt>よ</rt></ruby>びました。

　》_____

5. <ruby>先生<rt>せんせい</rt></ruby>は もう <ruby>帰<rt>かえ</rt></ruby>りました。

　》_____

6. お<ruby>客<rt>きゃく</rt></ruby>さんが <ruby>来<rt>き</rt></ruby>ました。

　》_____

7. 이 질문에 대해 어떻게 생각하세요? (<ruby>質問<rt>しつもん</rt></ruby>、<ruby>思<rt>おも</rt></ruby>う)

　》_____

8. 시간이 없으니 서두르시는 것이 좋겠습니다만. (<ruby>急<rt>いそ</rt></ruby>ぐ)

　》_____

9. 하루 중 언제 수영하십니까? (<ruby>一日<rt>いちにち</rt></ruby>、<ruby>泳<rt>およ</rt></ruby>ぐ)

　》_____

10. 무엇을 마시세요? (<ruby>飲<rt>の</rt></ruby>む)

　》_____

1. 「申される」: 「言う」의 겸양어인 「申す」에 존경을 뜻하는 「れる」를 붙인 것은 잘 못이라는 의견도 있다. 그러나 고전 작품이나 시대 소설에는 '말씀하시다'라는 의미로 사용되기도 한다.

    예 号を見山と申される。

    何と申される？

    ※ 현대어 문장에서 「申される」를 '말씀하시다'는 의미의 존경어로 쓰는 것은 잘못된 표현이다.

    예 社長が申されました。(×)

    あなたが申されますように、(×)

2. 「おられる」: 「いる」의 겸양어인 「おる」에 존경을 뜻하는 「れる」를 붙여 '계시다'의 의미로 쓰는 것은 잘못이라는 의견이 많으나 최근에는 일반적으로 사용된다.

    예 昨日はどちらにおられましたか。

    先生はたいへん困っておられました。

    ※ 「おられる」는 존경어로, 「おります」는 겸양어

22-2

彼には 余裕が 感じられます。

- 자발(自発) 표현 : 동작이나 감정이 자신의 의지와는 상관없이 저절로 되어진다는 의미. 보통 감정이나 감각을 나타내는 동사에 쓰인다.

❇ 자발 표현 만들기

1단 동사: ない형 +られる	案(あん)じる→案(あん)じられる	感(かん)じる→ 感(かん)じられる
5단 동사: ない형 +れる	打(う)つ →打(う)たれる	惜(お)しむ→惜(お)しまれる
する 동사	する→される	

---

1. 》 1단 동사 ない형 ＋られる

✿ 入院(にゅういん)している 父(ちち)の ことが 案(あん)じられます。

✿ 彼(かれ)には 余裕(よゆう)が 感(かん)じられます。

✿ 常識的(じょうしきてき)には そういうふうに 考(かんが)えられます。

2. 》 5단 동사 ない형 ＋ れる

🌸 先生の お言葉に 心が 打たれました。

🌸 彼の 早すぎる 死が 惜しまれる。

🌸 それは あまりにも ひどい ことだと 思われますが。

🌸 この 写真を 見ると 母の ことが 思い出されます。

3. 》 する → される

🌸 向こうは 危ない 状態だそうで とても 心配されます。

🌸 彼女の 美しい 心に 感心されました。

연습하기

1. 이것에 대해 어떤 생각이 들어요? (思う)

　≫ _____

2. 고향에 있는 어머니가 걱정됩니다. (国、母、心配する or 案じる)

　≫ _____

3. 옛날, 그와 함께 지냈던 때의 일이 떠오릅니다. (昔、過ごす、思い出す)

　≫ _____

4. 기말 시험의 범위가 너무 넓다고 생각되는데요. (期末テスト、範囲、思う)

　≫ _____

5. 손님으로부터 불만의 소리가 들린다. (お客様、不満、声、聞く)

　≫ _____

6. 산들바람에 봄기운이 느껴집니다. (そよ風、気配、感じる)

　≫ _____

7. 그녀는 그 분야의 전문가로 여겨지고 있습니다. (分野、専門家、考える)

　≫ _____

8. 나이가 들수록 고향이 그리워진다. (古里、偲ぶ)

　≫ _____

9. 아직 어린 자식의 장래가 걱정됩니다. (幼い、将来、心配する)

　≫ _____

10. 그의 용감한 행동에 모두 감동받았다. (勇敢な 行動、心が 打たれる)

　≫ _____

「~と思う」와 「~思われる」의 느낌은 어떻게 다른가요?

1. 「~と思う」: 자신의 주관적 판단, 의지, 의사표명 등의 의미

　例　山はまだ寒いと思う。

　　　来年、日本へ行こうと思います。

　　　彼の行動は間違っていると思います。

2. 「~思われる」: 어느 정도 객관성을 바탕으로 한 생각

　　단언은 하지 않아도 자연히 그렇게 판단된다는 의미. 완곡한 표현

　例　国の経済はだんだん難しくなると思われます。

　　　実験の結果、そういう結論になると思われます。

　　　当分間、韓流は続くと思われます。

23-1

先生が 学生に 漢字を 書かせます。

- **사역형:** A가 B에게 어떤 행위를 명령, 요구하여 그 행위를 하도록 시키는 표현

◈ 사역형 만들기

1단 동사: ない형 +させる	食べる→食べさせる 捨てる→捨てさせる	見る→見させる 教える→教えさせる
5단 동사: ない형 +せる	書く→書かせる 言う→言わせる	飲む→飲ませる 買う→買わせる
する/くる 동사	する→させる	くる→来させる

1. ≫ 강제

❀ 子どもに ピアノや 水泳を 習わせたり、塾へ 行かせたり しています。

❀ 先生が 学生に 漢字を 書かせます。

❀ 彼女は 夫に 荷物を 持たせたり、迎えに 来させたり する。

✿ 子どもに 野菜を 食べさせるのは 大変です。

2. ≫ 허가

✿ 娘が 行きたがって いるので、日本へ 留学させる ことに しました。

✿ ゲームは 1日 1時間だけ させています。夜は させません。

✿ 会議では 出席者に 自由に 言わせた ほうが いいと 思います。

✿ うちの 親は 私が 小学生の とき、ケータイを 持たせてくれなかった。

3. ≫ 감정 유발, 부대 상황

✿ いたずらっ子だったので、よく 先生を 怒らせました。

✿ 両親を 心配させないよう、がんばって 勉強します。

✿ 彼は 趣味に 関する ことに なると、とたんに 目を 輝かせて 話す。

✿ 息子は 気に 入らないと すぐ 口を とがらせて 反抗する。

※ 사역형 동사에는「に」혹은「を」(자동사 に,を/ 타동사 に)가 붙는데
둘 사이에 의미 차이는 거의 없다.

예 子どもに 行かせる/ 子どもを 行かせる。

연습하기

1. 최근에는 밖에서 아이를 놀게 할 장소가 적어졌습니다. (最近、遊ぶ、場所、少ない)

   》 _____

2. 딸에게 매일 일기를 쓰게 합니다. (娘、毎日、日記)

   》 _____

3. 언니는 여동생에게 1시간이나 청소를 시켰다. (お姉さん、妹、掃除する)

   》 _____

4. 슬픈 노래는 나를 울게 합니다. (悲しい、歌、泣く)

   》 _____

5. 학교에 오지 않는 학생은 무리하게 학교에 가게 하지 않는 편이 좋다.

   (不登校、無理に)

   》 _____

6. 엄마는 남동생을 학원에 보냈다. (弟、塾)

   》 _____

7. 역까지 마중하러 보내겠으니 기다려 주세요. (駅、迎える)

   》 _____

8. 회사 담당자에게 호텔 예약을 시켜두겠습니다. (係りの 者、ホテル、予約する)

   》 _____

9. 먼저 간단한 체조를 시키고 나서 달리기를 시킵니다. (簡単だ、体操、走る)

   》 _____

10. 그녀를 기쁘게 해주는 일이라면 뭐든지 하겠습니다. (喜ぶ)

   》 _____

「ところ」의 뜻이 너무 많아서 헷갈려요.

1. 장소, 주소

예 昔、あるところにおじいさんとおばあさんが住んでいました。

私は静かなところが好きです。

2. 부분, 포인트, 대목

예 あなたと私は見るところが同じです。

彼にもいいところはあります。

3. 정도, 범위

예 これくらいのところで止めましょう。

A: どれぐらいかかりますか。

B: まあ、三日ところですね。

4. 장면, 상황

예 二人で会うところを見てしまった。

君、ちょうどいいところに来たね。いっぱい、どう？

5. (현재를 중심으로) 짧은 시간

예 あっ、危ないところだった。

今のところ、よく分かりません。

23-2

1時間も 待たされて 疲れてしまった。

- **사역수동형** : 사역형(~(さ)せる)과 수동형(~(ら)れる)이 합쳐진 문형
  자신의 의지가 아니라 강제로 시킨 일을 어쩔 수 없이 하게 되었다는 의미

✾ 사역수동형 만들기

1단 동사 ない형 + させられる	食べる → 食べさせらる やめる → やめさせらる	見る → 見させらる 教える → 教えさせらる
5단 동사 ない형 + せられる ない형 + される(단축형)	書く → 書かせられる 書かされる 持つ → 持たせられる 持たされる	走る → 走らせられる 走らされる 帰る → 帰らせられる 帰らされる
	※「~す」로 끝나는 동사는 단축형을 사용하지 않는다 話す → 話させられる (話さされる×)	
する/くる 동사	する → させられる	くる → 来させられる

1. ≫ ~V(さ)せられる : (어쩔 수 없이, 싫지만, 내키지 않으나, 억지로) 하다

❀ こどもの 時、親に 勉強させられた。

　※「親が 私に 勉強させた」を「私」の 立場から 言う。

❀ 勉強が 大事だからと、父に バイトを やめさせられました。

　※ 私は バイトを やめたくなかったが、父が 私に バイトを やめ

　　させた。

❀ A: 昨日、友だちに お酒を 飲まされちゃった。

　(私は あまり お酒を 飲みたくなかったが、友だちが 私に お酒を

　飲ませた。)

　B: 違うでしょう。楽しそうに 飲んだじゃない。

❀ 友だちに 1時間も 待たされて 疲れてしまった。

2. ≫ 정중한 의뢰, 부탁

❀ すみませんが、その 時の 話を 聞かせてください。

❀ 今日は 少し 早めに 帰らせてください。

❀ いっしょうけんめい 勉強させてもらいたいと 思います。

❀ (アルバイト先) 明日、休ませていただけないでしょうか。

연습하기

1. 나는 어머니에게 매일 야채를 먹을 것을 강요당한다.(毎日、野菜、食べる)

》 母は_____

》 私は_____

2. 불경기로 인해 많은 사람들이 회사를 그만두었다.

(不景気、たくさん、会社、やめる)

》 _____

3. 선생님은 그에게 3번이나 대답하게 만들었다. (三度、答える)

》 先生は_____

》 彼は_____

4. 1시간 정도 게임하고 싶어요, 제발 놀게 해주세요. (ゲーム、遊ぶ)

》 _____

5. (싫었지만 사람들이 춤 추라고 해서) 나는 춤을 추었다. (踊る)

》 人々は_____

》 私は_____

6. 엄마는 전철 안에서 늘 나를 서 있게 했다.(電車、立つ)

》 母は_____

》 私は_____

7. 친구는 나를 이곳에 오게 만들었다. (来る)

≫ 友だちは_____

≫ 私は_____

8. 의사선생님이 아빠에게 담배를 끊게 하였다. (タバコ、やめる)

≫ お医者さんは_____

≫ お父さんは_____

9. 제가 한 말씀 드리고 싶습니다. (言う)

≫ _____

10. 재미없는 책을 읽으라고 해서 정말 힘들었다.(面白い、本、読む、大変)

≫ _____

「동사+なくて」와 「동사+ないで」의 차이는 뭔가요?

1. 「～なくて」: 다음에 원인, 이유를 나타내는 문장이 온다.

예 あの映画は面白くなくて、とても退屈だった。

お金がなくて、旅行に行けません。(형용사의 경우)

約束時間に間に合えなくてすみません。

奨学金がもらえなくてがっかりしています。

2. 「～ないで」: 다음에 단순 나열의 문장이 온다.

예 奨学金をもらわないで、そのまま留学に行った。

夕ごはんも食べないで寝てしまいました。

学校にも行かないでどこへ行ってきたの。

MEMO

24-1

この 本、もう お読みに なりましたか。

・존경어

---

1. 》》 존경어 일람

기본형	존경어	예문
行く・来る・いる	いらっしゃる お出でになる	先生が いらっしゃる。 今日は いらっしゃらないようです。
言う	おっしゃる	おっしゃることは よく わかります。
する	なさる	コーヒーと お茶、どちらに なさいますか。
食べる・飲む	召し上がる	朝ごはん、何を めしあがりましたか。
見る	ご覧に なる	あの 映画、ご覧に なりましたか。
知っている	ご存じだ	先生も あの ことは ご存じです。
くれる	くださる	娘に 時計を くださいました。

2. ≫ **お＋동사의 ます형＋に なる**

✿ 今朝、ラジオの ニュース、お聞きに なりましたか。

✿ 夜は たいてい 10時ごろ お休みに なります。

✿ この 本、もう お読みに なりましたか。

✿ 先生は 彼に 手紙を お書きに なりました。

3. ≫ **～V(ら)れる(문장체)**

✿ 今日も 授業の 後、テニスに 行かれますか。

✿ 明日、森さんに 会われますか。

✿ 課長、何を 書かれますか。

4. ≫ **お(ご)＋동사의 ます형(명사)＋ください : 존경 표현의 의뢰**

✿ どうぞ、ご自由に お取りください。

✿ こちらに おかけください。

✿ どうぞ ご参加ください。

연습하기

1. 휴일에는 주로 무엇을 하십니까? (休みの 日、主に)

   ≫ _____

2. 이 건에 대해 알고 계십니까? (件)

   ≫ _____

3. 생님께서는 실력보다 노력이 중요하다고 말씀하셨습니다. (実力、努力)

   ≫ _____

4. 보신 영화중에서 가장 좋았던 작품은 무엇입니까? (映画、作品)

   ≫ _____

5. 몇 시쯤 주무시나요? (頃)

   ≫ _____

6. 아드님은 10시쯤 집으로 돌아가셨습니다. (息子さん)

   ≫ _____

7. 내일 아침에 전화 주세요. (電話)

   ≫ _____

8. 메일 확인 하시면 답장 주세요. (メール、確認する、お(ご)返事)

   ≫ _____

9. 이제 괜찮으니 안심하세요. (大丈夫、ご安心)

   ≫ _____

10. 설명서를 읽은 신 후 사용해주세요. (説明書、使う)

   ≫ _____

Q 잠깐 공부하기

「先生が腹をお立てになった」는 표현은 어색한가요?

「腹をお立てになった」는 '화를 내다'라는 의미의 관용구인 「腹を立つ」를 존경 표현으로 만든 것이나 적절한 일본어 표현은 아니다. 예를 들어 目を回す(기절하다, 몹시 바쁘다), 舌を巻く(혀를 내두르다) 등의 관용구를 「目をお回しになる」나 「舌をお巻きになる」와 같이 존경어로 만들어 손윗사람에게 사용하는 것은 부적절하다.

예 腹をお立てになる。(×) → 先生がお怒りになった。(○)

目をお回しになる。(×) → とてもお忙しい。(○)

舌をお巻きになる。(×) → 驚かれる。(○)

24-2

明日、日本へ まいります。

・ 겸양 표현

1. ≫ 겸양어 일람

기본형	겸양어	예문
行く・来る・いる	参る	日本へ まいります。
訪ねる	伺う	先生の お宅へ 伺いました。
言う	申す・申し上げる	私の 名前は 李ユラと 申します。
する	いたす	どうぞ よろしく お願いいたします。
食べる・飲む	いただく	では、遠慮なく いただきます。
見る	拝見する	先生の 本、拝見しました。
聞く	拝聴する(듣다) 伺う(여쭙다)	少し 伺っても よろしいでしょうか。
会う	お目に かかる	昨日、鈴木さんに お目に かかりました。

知っている	存じている	その 件は 存じています。
もらう	いただく	この 本を 先生から いただきました。
あげる/ やる	さしあげる	お土産、さしあげますので。
いる	おる	私は 自分の 部屋に おります。
です	ございます	学生でございます。
あります	ございます	そちらに カタログが ございます。
わかりました	かしこまりました 承知しました	はい、かしこまりました。

2. 》 **お+동사의 ます형+する**

❀ 今、金額を お調べしますので、少々 お待ちください。

❀ では 明日 改札口で お待ちしております。

❀ どうぞ よろしく お願いします。

❀ すぐ お持ちいたしますので。

연습하기

겸양어로 고치기

1. この 本は もう 読みました。

≫ _____

2. この かさ 借りたいですが。

≫ _____

3. この かばん、私が 持ちます。

≫ _____

4. 昨日は 先生の お宅へ 行きました。

≫ _____

5. ごちそうを たべました。

≫ _____

6. 彼の 判断は 間違っていると 思います。

≫ _____

7. その 件に ついて 先生に 言いました。

≫ _____

8. 昨日、林さんに 会いました。

≫ _____

9. ちょっと 見ても いいですか。

≫ _____

10. 来年、日本へ 行きたいです。

≫ _____

「申す」와 「申しあげる」의 의미는 어떻게 다른가요?

「申す」와「申しあげる」는 모두「話す」혹은「言う」의 겸사말이지만 쓰는 상황과 의미에는 차이가 있다.

1. 「申す」: 단지 화자의 공손한 기분을 나타내는 겸양 표현으로 말을 듣는 상대방을 높이는 의미는 들어있지 않다.

예 私はイミナと申します。どうぞよろしく。(공손한 자기소개)

私はそのように父に申しました。

2. 「申しあげる」: 말한 상대, 즉 듣는 이를 높이는 경우에 사용한다.

예 私はそのように先生に申し上げました。

(선생님을 높이는 표현)

연습하기 해답

1-1. 私は 学生だ。

   1. これは 私の かばんだ。

   2. 先生は 韓国人ではない。

   3. 彼の 名前は 田中だ。

   4. 私の 友だちは 会社員ではない。

   5. 明日は 私の 誕生日だ。

   6. あれは 兄の 帽子だ。

   7. 私の 将来の 夢は 公務員だ。

   8. あれが 母の 傘だ。

   9. 彼女は 彼の 友だちではない。

  10. 中村さんは 日本人ではないか。

1-2. 私の 名前は 李ユラです。

   1. 私は 大学生です。

   2. 妹は 高校生で、弟は 中学生です。

   3. 彼は うちの 学校の 学生ではありません。

   4. 私の 夢は 日本語の 専門家です。

5. 私の 日本人の 友だちの 名前は 林ケンです。

6. これは 何の 本ですか。

7. これも 私ので、それも 私のです。

8. 先生のは どれですか。

9. 写真の 中の この 人が 私の 友だちです。

10. それは 母のではありません。

2-1. つくえの 上に 本が あります。

1. 車の 中に 誰が いますか。

2. 部屋の 中に 誰か いますか。

3. 病院の 中には コンビニや カフェなども あります。

4. いすの 下に 何か ありますか。

5. 冷蔵庫の 中に 食べ物は 何も ありません。

6. 私には 兄弟が いません。

7. 友だちの 江河は あの 部屋に います。

8. 公務員の 佐藤さんは 私の 日本語の 先生です。

9. 先生の 研究室には 日本語の 本が たくさん あります。

10. あなたの 猫は どこにも いません。

2-2. 助数詞

1. 一日は 24時間、一ヶ月は 30日、一年は 365日です。

2. この りんごは 3つで いくらですか。

3. 教室には 二人の 学生が います。

4. 今、何時 何分ですか。

5. お兄さんは 大学生ですか。

6. つくえの 上に 本が 3さつ あります。

7. わが家には 猫 一匹と 犬 二匹が います。

8. お子さんは おいくつですか。

9. 明日は 八日で 木曜日です。

10. 日本語の 講義室は 七階に あります。

3-1. 日本の 夏は とても 暑いです。

1. 彼は 明るい 性格です。

2. 韓国の 青い 秋の 空は ほんとうに 美しいです。

3. その レストランは 駅から 近いです。

4. 日本の 食べ物は あまり 辛くない。

5. 象は 鼻が 長い。

6. 食べ物の 量は 多くも 少なくもないです。

7. あの 店は 値段は 安いが、品物は よくない。

8. 日本で 最も 高い 山は 富士山だ。

9. 世界で 人口が 一番 多い 国は 中国だ。

10. 日本語の 作文は 易しくないが、授業は 楽しいです。

3-2. 教室は 広くて 涼しいです。

1. 新幹線より 飛行機が 速いです。

2. 昨日より 今日が もっと 暑いですね。

3. 彼女は あなたほど 明るい 性格ではありません。

4. 象は 鼻が 長くて、キリンは 首が 長いです。

5. 日本の 食べ物は 韓国の 食べ物ほど 辛くない。

6. デパートは 駅から 近くて いいです。

7. この かばんは 大きくて 軽いです。

8. りんごは 丸くて 赤いです。

9. 日本語は 易しくて おもしろいです。

10. 彼女は 美しくて、心も 優しいです。

4-1. 代々木公園は 静かです。

1. きれいな ばらですね。

2. あなたに 一番 大事な ものは 何ですか。

3. 嫌いな 食べ物、ありますか。

4. あなたの 日本語は 立派です。

5. 彼は わがままな 人ではありません。

6. 学校から 家までの 交通は 便利ですか。

7. 韓国では プロ野球が 盛んです。

8. あの 俳優は 歌も 上手です。

9. おじいさんは 元気ではありません。

10. 『親切な クムジャさん』は 有名な 作品です。

4-2. 彼は 真面目で すなおな 人です。

1. 果物の 中では りんごが 一番 好きです。

2. 私は わがままな 人が 嫌いです。

3. 妹は 英語が 上手です。

4. 兄は 料理が 苦手です。

5. 私の 友だちは 真面目で 元気です。

6. KTXは 便利で 安全です。

7. 彼女は 地味で いいです。

8. 前より 街が 賑やかに なる。

9. 顔が きれいな 人より、心が きれいな 人が 好きです。

10. この 部屋は 静かで きれいですね。

5-1. 昨日の パーティーは 楽しかった。

   1. 母は 若かった 頃、とても 美しかった。

   2. 彼の 才能が とても うらやましかったです。

   3. 私が 悪かった。ごめんね。

   4. 学校から 家までは あまり 遠くなかった。

   5. 去年の 冬は かなり 暖かかったです。

   6. あの 公園は 木も 多くて、池も 広かったです。

   7. クリスマスは 一人ぼっちで 寂しかったです。

   8. 彼の 車は 新しくなかったです。

   9. 学食の ラーメンは おいしくて 量も 少なくありませんでした。

  10. 中学時代、彼女は あまり 背が 高くなかった。

5-2. 兄は 料理が 得意だった。

   1. あの 監督の 映画は あまり 好きではありませんでした。

   2. 海の 景色は きれいでしたか。

   3. あの 店の 魚は 新鮮ではなかった。

   4. 私は 日本語が 上手でした。

   5. 彼は 静かで とても 真面目だった。

   6. 昔、ここは あまり にぎやかではありませんでした。

   7. あの 時は あなたの 愛が 必要だった。

   8. 東京は 静かで きれいでした。

   9. 二人は 貧乏だったが、幸せでした。

  10. 問題は 難しくて 簡単ではなかった。

6-1. たばこは 吸わない。

   1. 要らない ものは 買わない。

2. 今度の ミーティングに 彼は 来ない。

3. 二人で おいしい ケーキを 食べる。

4. 今日は 早く 家に 帰る。

5. 彼は 本を 読まない。

6. 悪い ことは しない。

7. 夏休みに 日本に 行かない?

8. お母さんは 子供に 字を 教える。

9. 私は 毎日 彼女に 電話を かける。

10. 二度と 彼に 会わない。

6-2. 今日は アルバイトに 行かなければ いけない。

1. 何でも 自ら 考えなければ いけないと 思う。

2. 将来の ために 熱心に 働かなければ いけない。

3. 目が 悪くて 見えないよ。もっと 大きく 書かなくては いけない。

4. 友だちには 正直に 話さなくては ならないよ。

5. どんなに 小さい ことでも 最善を 尽くさなくては いけないと 思う。

6. 今日は 9時までに 家に 帰らなければ いけない。

7. あ、そうだ。お母さんに 連絡しなくちゃ。

8. 人は お互い 愛し合わなくては ならない。

9. けがは 医者に 診てもらわなくては いけない。

10. 勉強も いいけど、たまには 休まなきゃ。

7-1. 今日は 早く 家に 帰ります。

1. 休みの 日は たいてい 家で 休みます。

2. 友だちと いっしょに 映画を 見ます。

3. 高い 服は 着ません。

4. 毎日、夜 12時頃 寝ます。

5. どんな 料理を 作りますか。

6. きれいに 掃除しましょう。

7. コンサートの チケットを 予約しましょうか。

8. 冬休みに 北海道に 行きませんか。

9. そろそろ 仕事を 始めましょう。

10. いっしょに 踊りませんか。

7-2. 青い 空を 見ながら あなたを 考える。

1. 妹は 勉強しながら 音楽を 聞きます。

2. 歌を 歌いながら 踊りを 踊る ことは 難しいです。

3. 授業中、彼女は となりの 人と しゃべり続けます。

4. 学生たちは 一斉に 答えを 書きはじめました。

5. やっと 退屈な 本を 読み終わりました。

6. 明日、安部の 家に 遊びに 行かない?

7. 蟹は おいしいが、食べにくいです。

8. 田舎は 交通が 不便で 暮らしにくくありませんか。

9. この 本は 説明が 詳しくて 分かりやすいです。

10. 使い方が 簡単で 作りやすいですね。

8-1. お昼、いっしょに 食べる人、いる?

1. 人を いじめる 行動は 止めましょう。

2. 悲しい 思い出は 早く 忘れる 方が いいです。

3. 私は 日本語で 手紙を 書く ことが できます。

4. 今度の 試合で 彼に 勝つことが できるか どうか よく 分かりません。

5. 先生が 言う 内容が よく 分かりません。

6. 私は 海で 泳ぐ ことが できます。

7. この 問題は 難しくて 解く ことが できません。

8. もう 彼を 忘れるしか ありません。

9. 真夜中には 外へ 出ない ほうが いいです。

10. 難しくても 続けるしか ありません。

8-2. ちりも 積もれば 山と なる。

1. 日本語は ゆっくり 話せば 分かります。

2. 眼鏡を かければ 小さい 字も 見えます。

3. 1に 2を 足せば 3に なります。

4. 春が 来れば 花が 咲きます。

5. 親しければ 親しいほど、礼儀が 必要です。

6. 雨が 降れば ピクニックは 取り消します。

7. 日本語は 勉強すれば するほど 面白いです。

8. 彼は 料理も できれば 掃除も きれいに する。

9. 部屋も 狭ければ 家賃も 高くて 暮らしにくいです。

10. 寝れば 寝るほど もっと 疲れます。

9-1. タバコは さっさと 止めろ。

1. 早く 起きろ。遅刻するよ。

2. 汽車の 時間に 間に合わないよ。急げ。

3. そんな 悪い いたずらは 止めろ。

4. こちらへ ゆっくり 来い。

5. もう 帰れ。

6. 走れ、メロス。

7. ちょっと 待て。

8. 友だちと 遊ぶ 前に 宿題しろ。

9. 勉強に しろ、恋愛に しろ、最善を 尽くせ。

10. 待つに しろ、待たないに しろ、勝手に せよ。

9-2. 明日から 早く 起きよう。

1. 日本人の 友だちと 付き合おう。

2. 映画、見に 行こう。

3. 世界で 一番 おいしい パンを 作ろう。

4. 暑い! ビールでも 飲もう。

5. 日本語の 勉強を 始めよう。

6. 毎朝 1時間ぐらい 運動しよう。

7. 来週、日本語能力試験を 受けようと 思います。

8. 頭が 痛くて 今日は 仕事を 休もうと 思います。

9. 日頃、水を たくさん 飲もうと 思う。

10. 友だちと いっしょに 日本旅行を しようと 思います。

10-1. 映画を 見てから コーヒーを 飲みました。

1. 彼女に 会ってから 彼の 考え方は 変わりました。

2. 家に 帰って お風呂に 入ってから 音楽を 聞きました。

3. 授業が 終わってから バイトに 行きます。

4. 準備運動を してから プールに 入ります。

5. 友だちの 話を 聞いて あの ケータイは 買いませんでした。

6. 病院に 行ってから 薬屋に 行って 風邪薬を もらいました。

7. お酒を 飲んでから 必ず ご飯を 食べる 人も います。

8. 卒業して 就職しようと 思います。

9. テストが 終わって 友だちと カラオケに 行きました。

10. 図書館に 行って レポートに 必要な 本を 借ります。

10-2. 片思いを した ことが ありますか。

1. 小さい 頃、この 町で 暮らした ことが ある。

2. 別れた 後も 彼を 忘れた ことは ありません。

3. 高校時代、日本語を 習った ことが あります。

4. 掃除を した 後、昼寝を した。

5. 日本語能力試験を 受けた ことが ありますか。

6. 母にだけ 知らせて 一人で 旅に 出た。

7. 子供は ケンカしたり、仲直りしたり しながら 親しく なる。

8. 暇な 時は 本を 読んだり、音楽を 聞いたり します。

9. 弟は 勉強を したり、しなかったり、自分勝手に 行動します。

10. お酒を 飲んだ 翌日は 頭が 痛かったり、お腹を 壊したりします。

11-1. 窓を 開けても いいですか。

1. パーティーに 友だちを つれていっても いいですか。

2. まだ 時間は 十分です。急がなくても いいです。

3. ここに 車を 止めても いいですか。

4. 高い プレゼントでなくても かまいません。

5. 気が 進まなければ 彼に 会わなくても いいです。

6. はんこの 代りに サインしても かまいません。

7. 先に 帰っても いいですか。

8. 成績が よくなくても 大丈夫です。

9. 試験を 受ける 時、辞書を 引いても いいです。

10. テレビを 消しても いいですか。

11-2. ここで タバコを 吸っては ならない。

    1. うそを ついては いけません。

    2. 人に 迷惑を かけては いけません。

    3. 一日中 遊んでは いけない。

    4. プレゼントは 高くては いけません。

    5. 弱者を いじめては なりません。

    6. シェフが 料理が 下手では なりません。

    7. パスポートの 写真は 小さくては いけない。

    8. 学生は いっしょうけんめい 勉強しなければ なりません。

    9. 授業中は ケータイの 電源を 消しておかなければ なりません。

    10. 遅れれば 必ず 親に 電話しなければ なりません。

12-1. 今日は 風邪で 学校を 休みました。

    1. 彼は 癌で 5年間 闘病しました。

    2. 交通事故で 現在、4km 渋滞です。

    3. あの コートは 高すぎて 諦めた。

    4. 先生は やさしくて みんなに 人気が あります。

    5. 有名で かえって 不便な ところは ありませんか。

    6. この パンは おいしくて よく 買いに 来ます。

    7. 豆腐は 豆で 作ります。

    8. 久しぶりに みんな いっしょに 公園へ 散歩に 行きませんか。

    9. この 頃の 風邪は なかなか 治らなくて 大変です。

    10. 地震で 日本へ 旅行する 人が 減りました。

12-2. コーヒーは 熱いので ご注意ください。

    1. 日本人と 自由に 話し合うために 日本語を 習う。

2. 彼女は きれいな せいで かえって 不幸に なりました。

3. スイス製の 時計だから とても 高いです。

4. 目が 悪いので 眼鏡を かけます。

5. 夕べ、飲みすぎたので 今でも 頭が 痛いんです。

6. 好きだから 毎日 会うのは 当たり前だと 思います。

7. 今は 忙しいから 今度 会いましょう。

8. 国の ために 犠牲した 方々を 覚えましょう。

9. 一人暮らしだから お金の ために 困る ことは 別に ありません。

10. みんな 待っているので 急いで 出て ください。

13-1. 部屋の 窓が 開いています。

1. ドアに 鍵が かかっていますね。

2. 今 彼は 彼女に 電話を かけています。

3. 花子は 学校に 行っています。

4. 先生と 話している 学生は 誰ですか。

5. 私は 木村さんに 韓国語を 教えています。

6. 兄は 銀行に 勤めています。

7. 駅前に 高い ビルが 建っています。

8. 寮の 門限は 12時に 決まっています。

9. 彼女は 10年も 日記を 書いています。

10. 彼は もう 来ているよ。あなたも 早く 来て。

13-2. かべに 日本の 地図が はってある。

1. ドアに 鍵が かけてありますね。

2. 壁に 彼女が かいた 絵が はってあります。

3. テーブルの 上に ケーキが 置いてあるね。

4. 八百屋に 果物が 並べてある。

5. 彼は クラスの 代表として スピーチしたが、とても 堂々と していた。

6. 床に カーペットが 敷いてあった。

7. 私は 外見は 父に 似ているが、性格は 母に よく 似ている。

8. 道ばたで 子猫を 拾って 飼っています。

9. 友だちは 何よりも 絵の 才能が 優れています。

10. 今、玄関の 入口に 入っていく 人が 田中先生です。

14-1. 毎日 1時間ぐらい 運動するつもりです。

1. 今年の 秋に 彼女と 結婚することに なりました。

2. まだ 時間が あるから もう 少し 待ってみるつもりです。

3. 卒業しても 先生に 連絡するつもりだ。

4. 雨で ピクニックは 延期することに なりました。

5. 予算が 足りなくて その 工事は しないことに しました。

6. 彼は まだ タバコを 止めるつもりはない。

7. 毎日 日記を つけることに しました。

8. 無くしたつもりで 彼に お金を 貸した。

9. 私は ラーメンに します。

10. やがて 二人は 仲直りすることに しました。

14-2. 作文の テストは 難しいかもしれない。

1. 今年の 冬は かなり 寒いでしょう。

2. 今日は 金曜日だから、新村は とても 賑やかだろう。

3. 彼女が あの 事実を 知っているはずが ないです。

4. 電気が ついている。部屋の 中に 誰か いるかも 知れない。

5. 発音から 見て 彼は きっと 日本に 住んだ ことが あるにちがいない。

6. もう 帰ったはずなのに、妹の 姿が 見えません。

7. こんな いたずらを するのは たぶん あいつだろう。

8. うそを つけば 母は きっと 怒るだろう。

9. おそらく 彼は 私に 会いに ここへ 来るでしょう。

10. たぶん 他の 人に 違いありません。彼が 彼女に プロポーズするはずが ありません。

15-1. 将来、先生に なりたいです。

1. 今日は 家で テレビでも 見ながら 休みたい。

2. 今年は マラソンに チャレンジしてみたいです。

3. 今、私には あなたの 応援が ほしいです。

4. 来年、日本へ 留学したいです。

5. 雨 降らないかなあ。

6. いい 人に 出逢いたい。

7. 私は 公務員に なりたいです。

8. 日本語の 作文で いい 成績が 取りたいです。

9. 彼に 私の 心を 伝えたかったです。

10. 今、何が 一番 ほしいですか。

15-2. 子どもは 甘い ものを 食べたがる。

1. 母は 休みの 時、日本の 温泉に 行きたがっている。

2. 友だちは 一人暮らしを したがっている。

3. 彼女は ウォーキングホリデーで 日本に 行きたがっています。

4. おばあさんは 静かな 町に 住みたがっています。

5. 弟は あなたに 会いたがっていません。

6. 彼女は 私の プレゼントを ほしがっていた。

7. 友だちは 警察官に なりたがっています。

8. ああ、彼が 私を 訪ねて 来ないでしょうかなあ。

9. 今日は 彼から メールが 来ないでしょうかねえ。

10. もっと 景気が よくならないものか。

16-1. 弟に 誕生日の プレゼントを あげる。

1. 父が 私に 小遣いを くれました。

2. バレンタインデーの 日、ミナは 彼に チョコを あげました。

3. 友だちは 田中に 韓国の お土産を あげた。

4. 彼が くれた プレゼントを 今も 大事に している。

5. 私は 友だちに 大事に していた 時計を あげました。

6. 彼は 私の ために 3時間も 待ってくれた。

7. 先生は 学生たちに キャンディを くださいました。

8. この 漫画、読みたいと 言っていたでしょう。君に あげる。

9. おじいさんが 私に おばあさんの 形見を くださいました。

10. 私が あげた 指輪を 彼は 無くしてしまいました。

16-2. 私は 木村さんに 手作りの ケーキを もらった。

1. 彼は バレンタインデーの 日、ミナに チョコを もらいました。

2. 妹は 私に 先生に いただいた プレゼントを 自慢しました。

3. 子どもは お母さんに 昔話の 本を 読んでもらった。

4. ・友だちが 私を 病院に つれていってくれた。

　・私は 友だちに 病院に つれていってもらった。

5. ・私は ゆうべ、弟の 宿題を 手伝ってあげた。

　・弟は ゆうべ、私に 自分の 宿題を 手伝ってもらった。

6. 彼から 初めて もらった プレゼントは 今も 大事に しています。

7. ・先生は 学生たちの 行動を 誉めてくださいました。

・学生たちは 先生に 自分たちの 行動を 誉めていただきました。

8. 韓国では 友だち同士は おごったり、おごってもらったりします。

9. 学生たちは 先生に アイスクリームを 買っていただきました。

10. 彼女は 彼に 家まで 送ってもらった。

17-1. 私が 戻るまで 待ってください。

1. 自分の 部屋は 自分で 片付けなさい。

2. 忙しくても 毎日 1時間ぐらいは 散歩とか 運動を しなさい。

3. 悪いけど、引っ越し、ちょっと 手伝ってくれない?

4. 難しい 問題は 少し 教えてください。

5. すみません。少し 席を つめてくださいませんか。

6. 人に 迷惑を かける 行動は しないでください。

7. なるべく 早い うちに 私に 連絡くださいますよう お願いします。

8. もう これ以上 過去の ことで 苦しまないでください。

9. お父さん、今日は お母さんの 誕生日だから、早く 帰ってくださいね。

10. 父母会に 出席してくださいますよう お願いします。

17-2. ぜひ 私を 信じていただきたい。

1. いっしょうけんめい 努力してほしいですが。

2. 両親には いつも 元気で いてほしいです。

3. 私の 代わりに 彼を 迎えに 行っていただけませんか。

4. 私の 名前を 呼んでもらいたいです。

5. すみませんが、そこの 本を 渡してもらいたいですけど。

6. 授業中、となりの 人と 話さないでもらいたいです。

7. ここで 車を 止めてほしいです。

8. すこし 急いでもらいたいですけど。

9. 自分の 仕事に ベストを 尽くしていただきたいです。

10. 子どもに 早く 寝てもらいたい。

18-1. 3月に なると 桜が 咲きはじめます。

1. 朝 起きると 1時間ぐらい 運動を します。

2. 暗い ところで 本を 読むと 目が 悪くなります。

3. 冷たい 飲み物を 飲みすぎると、おなかを 壊します。

4. お母さんが 元気でないと、お腹の 赤ちゃんも つらい。

5. 桃の アレルギーが あるので 桃を 食べると 顔が 赤くなります。

6. 難しければ 難しいほど もっと 熱心に 勉強するように なります。

7. もっと ゆっくり 話せば 分かるのに。

8. 彼女は 見れば 見るほど まじめな 学生です。

9. 友だちが 新しい 自転車を 買えば 私も 買いたくなります。

10. 眼鏡を かけないと、字が 見えません。

18-2. 夏休みに なったら 北海道へ 行きませんか。

1. 風邪を 引いたら 水を たくさん 飲んで、十分に 休んだ 方が いいです。

2. 先に 授業が 終わったら ここで 待ってください。

3. 朝 起きて見たら、庭に 雪が 積もっていた。

4. 温泉旅行なら やはり 日本でしょう。

5. もし 宝くじに 当たったら 何を 買いたいですか。

6. 家に 着いたら 連絡してね。

7. バイトを やめたいなら 1週間 前に 店長に 言わなければ ならない。

8. 彼なら 最後まで 最善を つくすはずです。

9. 今、忙しかったら、今度 会って 話し合いましょう。

10. 宿題を 済ましたら、ゲームを しても いい。

19-1. 明日は 雨が 降るそうです。

1. 来月から タクシーの 基本料金が 上がるそうです。

2. 昔は 二人が とても 親しかったそうです。

3. 何年か 前、日本の 東北地方で 大きい 地震が あったそうです。

4. 彼女は 魚料理が あまり 好きではないそうです。

5. 就職 決まったそうですね。おめでとうございます。

6. 日本語は 勉強すれば するほど だんだん 面白くなるそうです。

7. 別れてからも 彼女は 彼を 忘れた ことが なかったそうです。

8. 田中さんは 韓国の 食べ物が 好きで、辛い キムチも よく 食べるそうです。

9. 弟は 今日、早く 帰ると 言ったのに まだ 帰ってこない。

10. 運動を 始める 前は 彼は あまり 元気ではなかったって。

19-2. この ケーキ、おいしそうですね。

1. 彼は 悲しそうな 顔を しています。

2. ポスターを 見ると、この 映画、おもしろそうですね。

3. そうですか。私は あまり おもしろくなさそうですけど。

4. 作文の テスト、むずかしそうです。

5. この かばんは 高くなさそうだ。

6. 冬休みは バイトも あって、忙しそうです。

7. 鬼が 出そうな 家ですね。

8. 1時間ぐらいで 仕事が 終わりそうにありません。

9. 空が 雨でも 降り出しそうに 曇っています。

10. 彼は 日本に 行きそうもないです。

20-1. 山内さんは 明日、日本へ 帰るようです。

1. 彼女は 何も 知らないようだ。

2. 最近は 小学生も 忙しいようです。

3. 彼とは どこかで 会ったことが あるようです。

4. 地面が 濡れているのを 見ると、雨が 降ったみたいです。

5. 二人は 結婚する ことに したようです。

6. 学生なら 学生らしく、いっしょうけんめい 勉強しなさい。

7. 人々が 傘を さしていない ことを 見ると、もう 雨が 止んだようだ。

8. 男らしい 男と 付き合ってみたいです。

9. 病院へ お見舞いに 行きましたが、彼は もう 元気に なったようでした。

10. 眠そうな 目ですね。授業が 退屈な ようです。

20-2. あの子は まるで 人形の ようです。

1. 赤ちゃんの 頬が まるで りんごの ように 赤いです。

2. 彼は 雲を つかむような 話ばかり しています。

3. 東京の ような 大都市は 物価が 高くて 生活しにくいでしょう。

4. うちの 娘も お嬢さんの ように 勉強が できたら いいですけど。

5. 日本人みたいに 日本語が 上手に なるように がんばります。

6. 受験の 時は 遅刻しないように 早く 家を 出ます。

7. ここ 二三日、春らしく 暖かい 日が 続いています。

8. 遠くまで 聞こえるように 大きい 声で 言ってください。

9. 昨日 言ったように 今日は 30分間 単語テストが あります。

10. 子どもの 頃、背が 伸びるように ミルクを たくさん 飲みました。

21-1. 私は 先生に ほめられた。

1. 子供が 走ってきて 母親に 抱かれました。

2. 困っていた 時、彼に 助けられた。

3. 彼は 真面目な 人なので みんなに 認められています。

4. いじめられた つらい 経験は 一生 忘れにくいでしよう。

5. 彼は 学生に 尊敬される 先生です。

6. けがを した 人は 助けられて 病院に 運ばれました。

7. ゆうべ、友だちに 来られて 勉強が できませんでした。

8. 子どもの 頃、父に 死なれて 生活が 大変でした。

9. 子どもに 泣かれて どうしたら いいか 分かりませんでした。

10. この 店で 一番 よく 売られる 商品は 何ですか。

21-2. ほんとうに 信じられない 話ですね。

1. 仕事で 疲れたので 朝 早く 起きられませんでした。

2. 私の アパートでは ペットが 飼えません。

3. 先生の お話が 忘れられません。

4. 風が 強すぎて 外へ 出られません。

5. 日本語で 自由に 話せるように なりました。

6. 会えたら もう 一度 彼に 会いたいです。

7. ケータイが 通じない ところなので 連絡できませんでした。

8. ここなら ゆっくり 休めるようですね。

9. 歌える 日本の 歌、ありますか。

10. 道路が 1時間も 渋滞していて 早く 来られなかった。

22-1. おじいさまは 今年、おいくつに なられますか。

1. お父さんは どんな お仕事を されますか。

2. 新車は いつ 買われましたか。

3. 先生は 来週 日本へ 行かれます。

4. 彼は 田中さんが 呼ばれました。

5. 先生は もう 帰られました。

6. お客さんが 来られました。

7. この 質問に ついて どう 思われますか。

8. 時間が ないので 急がれた ほうが いいと 思いますけど。

9. 一日の うち、いつ 泳がれますか。

10. 何を 飲まれますか。

22-2. 彼には 余裕が 感じられます。

1. これに ついて どう 思われますか。

2. 国の 母の ことが 案じられます。

3. 昔、彼と いっしょに 過ごした 時の ことが 思い出されます。

4. 期末テストの 範囲が 広すぎると 思われますけど。

5. お客様から 不満の 声が 聞かれる。

6. そよ風に 春の 気配が 感じられます。

7. 彼女は あの 分野の 専門家と 考えられています。

8. 年を とるほど 古里が 偲ばれる。

9. まだ 幼い 子どもの 将来が 心配されます。

10. 彼の 勇敢な 行動に みんな 心が 打たれた。

23-1. 先生が 学生に 漢字を 書かせます。

1. 最近は 外で 子どもを 遊ばせる 場所が 少なくなりました。

2. 娘に 毎日 日記を 書かせます。

3. お姉さんは 妹に 1時間も 掃除させた。

4. 悲しい 歌は 私を 泣かせます。

5. 不登校の 学生は 無理に 学校へ 行かせない ほうが いい。

6. 母は 弟を 塾に 行かせた。

7. 駅まで 迎えに 行かせますので 待ってください。

8. 会社の 係りの 者に ホテルの 予約を させておきます。

9. まず 簡単な 体操を させてから 走らせます。

10. 彼女を 喜ばせる ことなら 何でも します。

23-2. 1時間も 待たされて 疲れてしまった。

1. ・母は 私に 毎日 野菜を 食べさせる。

   ・私は 母に 毎日 野菜を 食べさせられる。

2. 不景気で たくさんの 人々が 会社を やめさせられた。

3. ・先生は 彼に 3度も 答えさせた。

   ・彼は 先生に 3度も 答えさせられた。

4. 1時間ぐらい ゲームしたいです。ぜひ 遊ばせてください。

5. ・人々は 私を 踊らせた。

   ・私は 人々に 踊らせられた。

6. ・母は 電車の 中で いつも 私を 立たせた。

   ・私は 電車の 中で いつも 母に 立たされた。

7. ・友だちは 私を ここに 来させた。

   ・私は 友だちに ここに 来させられた。

8. ・お医者さんは お父さんに タバコを 止めさせた。

   ・お父さんは お医者さんに タバコを 止めさせられた。

9. 私が 一言 言わせていただきたいです。

10. 面白くない 本を 読まされて ほんとうに 大変だった。

24-1. この 本、もう お読みに なりましたか。

1. 休みの 日は 主に 何を なさいますか。

2. この 件に ついて ご存じですか。

3. 先生は 実力より 努力が 大事だと おっしゃいました。

4. ご覧に なった 映画の なかで 一番 よかった 作品は 何ですか。

5. 何時頃 お休みに なりますか。

6. 息子さんは 10時ごろ お家に お帰りに なりました。

7. 明日の 朝、お電話ください。

8. メール、確認されたら、お返事ください。

9. もう 大丈夫ですから、ご安心ください。

10. 説明書を お読みになった 後、お使いください。

24-2. 明日、日本へ まいります。

1. この 本は もう お読みしました。

2. この かさ お借りしたいですが。

3. この かばん、私が お持ちします。

4. 昨日は 先生の お宅へ 伺いました。

5. ごちそうを いただきました。

6. 彼の 判断は 間違っていると 存じます。

7. その 件に ついて 先生に 申しあげました。

8. 昨日、林さんに お会いしました。

9. ちょっと 拝見しても よろしいですか。

10. 来年、日本へ まいりたいです。

이용미

· 한국외국어대학교 일본어과 및 동대학교 대학원 일본어과 졸업(석사)
· 일본 주오대학(中央大学) 국문과 박사과정 졸업(박사)
· 한국외국어대학교 일본연구소 연구원
· 명지전문대학 일본어과 교수(현)

저서

· 『그로테스크로 읽는 일본문화(공저)』책세상, 2008(문광부 추천 우수도서)
· 『오토기소시슈(역서)』제이앤씨, 2010(문광부 추천 우수도서)
· 『에로티시즘으로 읽는 일본문화(공저)』제이앤씨, 2013
· 『일본어 원서독해』제이앤씨, 2013
· 『오토기보코(역서)』세창출판사, 2013(한국연구재단 명저번역지정도서)
· 『동식물로 읽는 일본문화(공저)』제이앤씨, 2018

논문

· 「영화에 드러난 여성원형의 표상과 젠더」
· 「여성소설로서의『고야이야기(高野物語)』고찰」
· 「『오토기보코(伽婢子)』의 사생교혼담 고찰」
· 「슈텐 동자(酒呑童子)의 시원에 관한 소고」
· 「山婆의 원형과 변용」외 다수

문형으로 익히는 일본어 작문

초판 1쇄 인쇄 2019년 02월 22일
초판 1쇄 발행 2019년 03월 01일

저 자 이 용 미
발 행 인 윤 석 현
발 행 처 제이앤씨
책임편집 최 인 노
등록번호 제7-220호

우편주소 서울시 도봉구 우이천로 353 성주빌딩 3층
대표전화 02) 992 / 3253
전 송 02) 991 / 1285
홈페이지 http://www.jncbms.co.kr
전자우편 jncbook@hanmail.net

ⓒ 이용미 2019 Printed in KOREA.

ISBN 979-11-5917-134-5 13730   정가 18,000원